◎爱问法律百科系列丛书◎

丛书主编 · 严威

关注热点

简明易懂

法律思维

爱问
法律百科

农村土地承包经营、征收征用、宅基地必知120问

严威◎著

中国法制出版社
CHINA LEGAL PUBLISHING HOUSE

目录
CONTENTS

第一章　农村土地承包基础法律知识

第二章　农村土地承包关系中的权利义务

第三章　农村土地承包的原则和程序

第四章　农村土地承包合同

第五章 土地经营权流转

第六章 其他承包方式

第七章 农村土地征收征用

第八章 农村土地承包法律责任及纠纷解决

第九章　宅基地相关法律问题

第一章

CHAPTER 1

农村土地承包基础法律知识

1. 我国现行土地承包与管理的法律法规有哪些?

我国现行土地承包与管理的法律法规具体有《土地管理法》《土地管理法实施条例》《基本农田保护条例》《农村土地承包法》《闲置土地处置办法》《土地储备管理办法》《退耕还林条例》《农村土地承包经营权流转管理办法》《自然保护区土地管理办法》《土地调查条例》《土地复垦条例实施办法》《农村土地承包经营纠纷调解仲裁法》《耕地占用税法》《国有土地上房屋征收与补偿条例》《城镇土地使用税暂行条例》《农村土地承包经营纠纷仲裁规则》等。每一部法律法规侧重点都是不一样的，对不同的情况要参考不同的法律法规。

2. 我国现行土地承包与管理的法律法规的效力级别是怎样的?

概括起来，从现行立法体制或法律法规的效力级别来看，我国土地承包与管理法律法规体系主要由如下七个层次构成：

（1）宪法。宪法是国家的根本大法，宪法中有关土地的规定具有指导性、原则性和政策性，它构成我国土地法制的宪法基础。1988年的宪法修正案规定土地的使用权可以依照法律的规定转让，取消了原宪法对土地出租的限制。

（2）土地法律（实体法、程序法）。土地法律是指由全国人民代表大会及其常务委员会制定的有关合理开发、利用、保护、改善土地和土地市场方面的法律规范性文件。土地法律包括基本法律和一般法律：由全国人大制定的涉及土地方面的法律称为基本法律，如《民法典》《刑法》等基本法律均有与土地相关的内容；由全国人大常委会制定的涉及土地方面的法律称为一般法律，如《土地管理法》《城乡规划法》《城市房地产管理法》《建筑法》《招标投标法》等法律。

（3）土地行政法规。土地行政法规是指国务院制定的与土地有关的行政法律规范性文件。土地行政法规的数量很多，涉及土地行政的各个领域和各个方面，是我国土地法律法规体系的重要组成部分，如《国有土地上房屋征收与补偿条例》《土地管理法实施条例》《城镇国有土地使用权出让和转让暂行条例》等。土地税收方面的有：《契税暂行条例》《房产税暂行条例》《城镇土地使用税暂行条例》。

（4）地方性法规。地方性法规是指由各省、自治区、直辖市和其他依法有地方法规制定权的地方人民代表大会及其常务委员会制定的有关合理开发、利用、保护、改善土地和土地市场方面的地方性法律规范性文件。

（5）部门行政规章。部门行政规章是指国务院所属各部、委和其他依法有行政规章制定权的国家行政部门制定的有关合理开发、利用、保护、改善土地和土地市场方面的行政规范性文件。

（6）地方行政规章。地方行政规章是指省、自治区、直辖市、设区的市、自治州的人民政府根据法律、行政法规和本省、自治区、直辖市的地方性法规，制定的有关合理开发、利用、保护、改善土地和土地市场方面的行政规范性文件。

（7）其他土地规范性文件。其他土地规范性文件是指除上述六类外，由县级以上人民代表大会及其常务委员会、人民政府依照宪法、法律的规定制定的有关合理开发、利用、保护、改善土地和土地市场方面的规范性文件。《宪法》规定，“地方各级人民代表大会在本行政区域内……依照法律规定的权限，通过和发布决议”（第99条），“县级以上地方各级人民政府依照法律规定的权限……发布决定和命令”（第107条）。对于此类规范性文件，有的学者认为不属于法规的范畴。

3. 人民法院审理土地行政诉讼时如何适用法律法规？

《宪法》是我国土地法律法规体系的基础，在整个土地法律法规体系中具有最高的法律效力，其他层级的法律法规都不得同宪法相抵触；法律具有仅次于宪法的法律效力，除宪法外的其他层级的法规不得与法律相抵触；行政法规必须根据宪法和法律制定；地方性法规不得同宪法、法律和行政法规相抵触；部门行政规章必须根据法律和行政法规制定；地方行政规章根据法律、行政法规、地方法规和部门行政规章制定。在土地行政诉讼中，土地法律、法规称为“依据法”，土地行政规章称为“参照法”，其他规范性文件只有参考的价值。

人民法院审理行政案件，以法律和行政法规、地方性法规为依据。地方性法规适用于本行政区域内发生的行政案件。人民法院审理民族自治地方的行政案件，并以该民族自治地方的自治条例和单行条例为依据。

人民法院审理行政案件，参照国务院部、委根据法律和国务院的行政法规、决定、命令制定、发布的规章，以及省、自治区、直辖市和省、自治区的人民政府所在地的市和经国务院批准的较大的市的人民政府根据法律和国务院的行政法规制定、发布的规章。

4. 我国的土地使用原则是什么?

概括起来，我国土地使用原则主要包括以下八个方面：

（1）土地公有原则。土地公有制是我国土地制度的基础和核心，土地管理必须遵循这一基本原则。

（2）合理利用和保护土地原则。我国《宪法》规定："一切使用土地的组织和个人必须合理地利用土地。"《土地管理法》规定："国家鼓励单位和个人按照土地利用总体规划，在保护和改善生态环境、防止水土流失和土地荒漠化的前提下，开发未利用的土地；适宜开发为农用地的，应当优先开发成农用地。"合理开发利用土地对于提高土地利用率和产出率，增加土地产品的有效供给具有重要作用。

（3）耕地特殊保护原则。《土地管理法》第30条规定："国家保护耕地，严格控制耕地转为非耕地。国家实行占用耕地补偿制度……"第32条第1款规定："省、自治区、直辖市人民政府应当严格执行土地利用总体规划和土地利用年度计划，采取措施，确保本行政区域内耕地总量不减少、质量不降低。耕地总量减少的，由国务院责令在规定期限内组织开垦与所减少耕地的数量与质量相当的耕地；耕地质量降低的，由国务院责令在规定期限内组织整治。新开垦和整治的耕地由国务院自然资源主管部门会同农业农村主管部门验收。"第33条规定："国家实行永久基本农田保护制度……"保护耕地是我国土地管理政策的首要目标。

（4）土地用途管制原则。《土地管理法》规定："国家实行土地用途管制制度。"即国家为保证土地资源的合理利用、经济社会和环境的协调发展，通过编制土地利用规划，划定土地用途分区，确定土地使用条件，要求土地的所有者和土地的使用者严格按照国家确定的土地用途利用土地的制度。

（5）土地有偿使用原则。在社会主义市场经济条件下，土地具有资源和资产的双重属性，土地已作为一种特殊的商品进入市场流通。实行土地有偿使用，有利于理顺土地所有者和土地使用者之间的经济关系，有利于合理利用土地，促进土地资源的优化配置。

（6）国家对土地统一管理原则。各级人民政府及其土地管理部门代表国家统一行使土地管理的职权。既要对国家所有的土地进行管理，也要对集体所有的土地进行管理；既要对城市土地进行管理，也要对农村土地进行管理；既要管理农地，也要管理建设用地。总之，各级人民政府及其土地管理部门要对所辖区域的土地依法实施全面管理。

（7）保护土地所有者和土地使用者合法权益的原则。在我国，土地财产权主要包括土地所有权、土地使用权和土地承包经营权等。相关主体一经依法取得土地财产权，其合法权益就应受法律保护。这是我国宪法和民法基本原则在土地管理中的具体体现。

（8）正确处理中央与地方、土地所有者与土地使用者之间利益分配关系的原则。土地问题涉及各行各业、各个部门，涉及公民、法人、经济组织和社会团体。土地管理必须正确处理好这些主体之间的关系，既要保护国家利益不受损失，又要保证当事人的合法权益不受侵犯。

5. 家庭承包经营的法律依据是什么？

《农村土地承包法》第 1 条规定，为了巩固和完善以家庭承包经营为基础、统分结合的双层经营体制，保持农村土地承包关系稳定并长久不变，维护农村土地承包经营当事人的合法权益，促进农业、农村经济发展和农村社会和谐稳定，根据宪法，制定本法。

1999 年，国家将“农村集体经济组织实行家庭承包经营为基础、统分结合的双层经营体制”写进宪法，将其作为我国农村的一项基本经济制度固定下来。党的十五届三中全会通过的《中共中央关于农业和农村工作若干重大问题的决定》明确提出：“要坚定不移地贯彻土地承包期再延长三十年的政策，同时抓紧制定确保农村土地承包关系长期稳定的法律法规，赋予农民长期而有保障的土地使用权。”我国制定《农村土地承包法》的目的就是具体落实宪法，保障农村以家庭承包为基础、统分结合的双层经营体制的长久稳定，赋予农民长期而有保障的土地使用权，依法维护农村土地承包当事人双方的合法权益，以促进农业、农村经济发展和农村社会稳定。

6. 家庭承包经营的现实意义是什么？

家庭承包经营是我国农民的一个伟大创举。农村实行家庭承包经营，改变了人民公社的生产经营方式和计划经济模式，初步构筑了适应我国市场经济要求的农村新经济体制框架。以家庭承包经营为基础、统分结合的双层经营体制成为我国农村的基本经济制度。

家庭承包经营是在坚持土地等生产资料集体所有的前提下，把土地使用权承包给农户，确立了家庭经营的主体地位，赋予了农民充分的生产经营自主权。家庭承包经营和集体统一经营是相互依存的统一整体，家庭承包经营是我国农村集体经济组织内部的一个经营层次，是农村集体经济的一种有效经营方式。农民通过承包本集体的农村土地，得到的是对农村土地的使用权，也就是我们现在所称的土地承包经营权。农民的土地承包经营权集中体现在农民对所承包的土地享有经营自主权、收益权和土地承包经营权流转的权利。农民可以根据市场的供求关系，自主地组织生产，打破了过去那种高度集中的计划经营方式；农民在依法纳税和交纳承包费之后，其他土地经营收益都归自己所有，由自己自由支配，打破了过去那种“大锅饭”式的分配方式。多劳多产能够多得，农民得到了实惠，激发了农民生产的积极性；解放和发展了农村生产力，带来了农村经济和社会发展的巨大变化。

我国实行家庭承包经营制度以来，粮食和其他农产品的产量大幅增长，由长期短缺到总量大体平衡，丰年有余，基本解决了全国人民的吃饭问题；农民生活水平显著提高，全国农村总体上进入了由温饱向小康迈进的阶段；农民的思想观念发生了深刻变化，农村精神文明和民主法治建设明显进步。我国农村实行家庭承包经营多年来取得的巨大成就证明，家庭承包经营是解放农村生产力、发展农村经济的有效方式。

7. 家庭承包经营还存在哪些不足？

强调农村长期实行以家庭承包经营为基础、统分结合的双层经营体制，并不是说它已经尽善尽美了，应当看到，在实践中它还存在一些问题，有待进一步完善。例如，在第二轮农村土地承包中，有些地方没有把承包期延长30年，有的发包方以各种名义随意调整承包地，还有个别地方收回或部分收回承包地等，这些问题都需要加以纠正。另外，对承包经营权的保护以及流转方式等需要进一步完善。在统分结合的双层经营体制下，集体经济组织在如何发挥其统一经营的功能上，特别是在增强其服务功能上，还需要进一步摸索和总结经验。只有不断地完善以家庭承包经营为基础、统分结合的双层经营体制，才能为农村这一基本经济制度注入新的活力，保持其长期稳定。

8. 什么是农村土地的“三权分置”？

在2013年召开的中央农村工作会议上，习近平总书记指出，“要不断探索农村土地集体所有制的有效实现形式，落实集体所有权、稳定农户承包权、放活土地经营权”。中央全面深化改革领导小组第五次会议指出，“要在坚持农村土地集体所有的前提下，促使承包权和经营权分离，形成所有权、承包权、经营权‘三权’分置、经营权流转的格局”。2016年发布的《关于完善农村土地所有权承包权经营权分置办法的意见》则要求各地区结合当地实际落实。

“三权分置”是继家庭联产承包责任制后农村改革又一重大制度创新，是农村基本经营制度的自我完善，也符合生产关系适应生产力发展的客观规律。“三权分置”有利于土地产权的明晰，维护农民集体、承包户和经营主体的权益，有利于促进土地资源合理利用，构建新型农业经营体系，发展多种形式适度规模经营，提高土地产出率、劳动生产率和资源利用率，推动现代农业发展。

“三权分置”改革是继家庭承包责任制之后农村改革的重大制度创新，从理论和实践上丰富了农村双层经营体制的内涵。家庭联产承包责任制实现集体土地的“两权”分离，主要解决调动亿万农民的生产积极性问题，“三权分置”主要解决农业适度规模经营、集约化经营及发展现代农业问题。目前农村已有30% 以上的承包农户在流转承包地，流转土地面积 4.79 亿亩。党的政策具有重要的法源地位，需要在法律中科学界定集体土地所有权、土地承包权、土地经营权的内涵、权能及相互关系，确立土地经营权的法律地位。

9. 农村土地“三权分置”的法律依据是什么？

为落实农村土地所有权、承包权、经营权“三权分置”，修改后的《农村土地承包法》（2018 年修正）规定，承包方承包土地后，享有土地承包经营权，可以自己经营，也可以保留土地承包权，流转其承包地的土地经营权，由他人经营。国家保护承包方依法、自愿、有偿流转土地经营权，保护土地经营权人的合法权益，任何组织和个人不得侵犯。土地经营权人有权在合同约定的期限内占有农村土地，自主开展农业生产经营并取得收益。

“三权分置”是针对农村集体经济组织内部的家庭承包方式而进行的一个制度设计。农村的土地归农民集体所有，这里所说的是土地所有权，土地管理法和物权法都有明确规定。农村集体经济组织成员有权依法承包由本集体经济组织发包的农村土地，这里所说的是农村土地的承包经营权。

“三权分置”的设想，是农户承包土地以后不但可以在本集体经济组织内部转让承包地，还可以向外部的受让人流转承包地，在流转以后，要使受让人获得权利保障，有利于促进适度规模经营，进一步发挥农村土地资源的功能，也有利于增加农民的财产收入，同时还要使转让土地经营权的承包户不失去权利的保障。这就需要在土地承包经营权的基础上，再设计一个由流转的受让人享有的权利。这个权利就是这次《农村土地承包法》修改后新增加的土地经营权，是“三权分置”中的第三个权利。

10. 农村土地“三权分置”中的集体土地所有权主要是指什么？

农村集体土地所有权是经历了土地改革、初级社、高级社、人民公社等发展阶段，由自然资源与国家、集体长期投入相结合形成的。我国《宪法》规定，“农村和城市郊区的土地，除由法律规定属于国家所有的以外，属于集体所有”。《物权法》（现为《民法典》）规定，农村集体土地“属于本集体成员集体所有”。农村集体经济组织或者村委会代表集体行使所有权，享有对土地占有、使用、收益和处分的权利。我国农村集体土地所有权集体所有制同全民所有制一样，是社会主义经济制度的基础。

农村改革初期，土地承包经营权是按照债权思路设计的，村集体与农户签订承包合同，通过契约明确集体与农户的权利义务。为了防止长期形成的“计划体制”“公社体制”的惯性影响，当时的立法倾向是防止集体所有权侵犯土地承包经营权。2007 年制定的《物权法》将土地承包经营权界定为用益物权，集体所有权侵犯承包经营权的问题从法律上得以解决。这次修改《农村土地承包法》，立足于坚持集体土地所有权制度，清晰界定集体土地所有权与土地承包经营权的权利内容，防止集体土地所有权虚置，做到权利平衡、不相互挤压。

修改前的《农村土地承包法》将集体土地所有权的权利内容界定为发包权、监督权、管理权及法律法规规定的其他权利。修改后的《农村土地承包法》，对集体经济组织在土地发包、土地流转、土地用途管制、土地合理利用、土地经营权融资担保管理等方面的权利作了进一步细化。

11. 农村土地“三权分置”中的集体土地承包权主要是指什么？

土地承包权是承包地流转后从土地承包经营权中分置出来的，农户拥有土地承包权是农村基本经营制度的基础。实践中，取得承包权有两个条件：具有本集体经济组织成员资格（成员属性）；与发包方签订了承包合同，获得了承包地（财产属性）。

土地承包经营权与土地承包权的权利主体都是土地承包

方。承包方享有以下权利：一是在承包期限内使用承包地，自主组织生产经营和处置产品；二是在承包期内出租（转包）、互换、转让、入股、交回承包地获得收益；三是当承包地被征收、征用、占用时获得补偿；四是承包期内承包人应得的承包收益可以依法继承，林地承包人死亡，其继承人可以在承包期内继续承包等。

土地承包经营权互换、转让须在集体经济组织内进行，互换是为了方便耕作，转让是放弃土地承包经营权，发包方需要与新承包方重新确定承包关系。在承包地未流转的情况下，承包方拥有土地承包经营权，既承包又经营。在承包地流转的情况下，承包方拥有土地承包权，只承包不经营，经营权流转给了第三方。流转是土地承包权设立的前提。如果承包方与第三方的土地流转合同到期，承包方仍享有土地承包经营权。土地承包权权能中的收益权和受限定的处分权（可以收回土地经营权但不能买卖承包地）是现实存在的，而不是虚置的权利。

12. 农村土地“三权分置”中的集体土地经营权主要是指什么？

土地承包经营权就是村民集体对集体所有或国家所有由全民所有制或集体所有制单位使用的国有土地的承包经营权，权利内容由土地承包合同约定。承包方采用出租（转包）、入股等方式将承包地流转给第三方使用后，土地经营权转移。保障土地经营权人依法享有的合法权益，规范流转行为，是完善农村土地承包法律制度的一个重点，也是农村基本经营制度与时俱进的体现。

土地经营权人的权利包括以下几个方面：一是按照合同使用流转的承包地，自主开展生产经营并取得收益；二是因改善生产条件、提高生产能力获得相应补偿；三是经承包方同意并向发包方备案，可以用土地经营权设定融资担保；四是经承包方同意并向发包方备案，可以再流转土地经营权等。土地经营权人在享有一定权利的同时也要承担一定的义务，如支付土地流转对价，不能改变流转土地的农业用途和连续两年以上弃耕抛荒，不破坏农业综合生产能力和土地生态环境等。

13. 农村土地承包经营制度中的家庭承包方式是指什么？

《农村土地承包法》第 3 条规定，国家实行农村土地承包经营制度。农村土地承包采取农村集体经济组织内部的家庭承包方式，不宜采取家庭承包方式的荒山、荒沟、荒丘、荒滩等农村土地，可以采取招标、拍卖、公开协商等方式承包。

农村土地承包采取农村集体经济组织内部的家庭承包方式。

家庭承包是指以农村集体经济组织的每一个农户家庭全体成员为一个生产经营单位，作为承包人承包农民集体的耕地、林地、草地等农业用地，对于承包地按照本集体经济组织成员人人平等地享有一份的方式进行承包。其主要特点如下：

一是集体经济组织的每个人，不论男女老少，都平均享有承包本农民集体的土地的权利，除非他自己放弃这个权利。也就是说，这些农村土地对本集体经济组织的成员来说，是人人有份的，任何组织和个人都无权剥夺他人的承包权。

二是以户为生产经营单位承包，也就是以一个农户家庭的全体成员作为承包方，与本集体经济组织或者村委会订立一份承包合同，享有合同中约定的权利，承担合同中约定的义务。承包户家庭中的成员死亡的，只要这个承包户还有其他人在，承包关系仍不变，由这个承包户中的其他成员继续承包。

三是承包的农村土地对每一个集体经济组织的成员来说是人人有份的。这主要是指耕地、林地和草地，但不限于耕地、林地、草地，凡是本集体经济组织的成员应当人人有份的农村土地，都应当实行家庭承包的方式。

14. 我国为什么要实行农村土地承包经营制度？

农村土地承包经营制度赋予了农民自主经营权，极大地调动了他们的生产积极性，解放了农村劳动生产力，促进了农业、农村经济和国民经济的发展，是建设有中国特色社会主义农业的一项经营制度，必须长期坚持。

实行农村土地承包经营制度，符合生产关系要适应生产力发展要求的规律，使农户获得充分的经营自主权，能够极大地调动农民的生产积极性，解放和发展农村生产力。我国农村改革有其客观必然性。在20世纪70年代末期，农村改革从实行家庭联产承包责任制开始。当时，经过“文化大革命”的十年浩劫，国民经济到了崩溃的边缘，农村问题尤为突出，解决农民吃饭问题是当时最紧迫的问题，而土地承包经营又是解决这一问题最便捷、最有效的途径。一些地方的农民首先自发地搞起了包产到户、包干到户，并逐步扩展开来。党的十一届三中全会确立了“解放思想，实事求是”的思想路线，强调以经济建设为中心，为农村改革提供了理论根据，创造了政治环境。1980年，中央召开会议，就家庭联产承包问题印发会议纪要，明确提出贫困地区可以搞包产到户，并强调“生产过程的各项作业，生产队宜统则统，宜分则分”。从此，包产到户的生产经营方式在全国开展起来。

家庭承包经营是在农村土地集体所有保持不变的前提下，由村委会或者农村集体经济组织将土地使用权发包给农户，这种在原所有制不变基础上的变革，对社会影响小，方便宜行。

到1983年年底，全国99%以上的生产队实行家庭联产承包责任制。1993年，国家决定农户原有的承包期到期后可再延长30年，在承包期内，农户对土地的经营使用权可以在不改变使用方向的前提下实行自愿、有偿转让。这种承包经营方式一直稳定至今，使农村经济和社会发展产生了历史性的巨变，粮食和其他农产品的产量大幅增长，由长期短缺到总量大体平衡，丰年有余，基本上解决了全国人民的吃饭问题，农民生活水平显著提高，全国农村总体上进入了由温饱向小康迈进的阶段。

15. 农村土地承包经营制度取得成功的根本原因是什么?

农村土地承包经营之所以取得如此伟大的成就，一是农村土地承包经营给了农民充分的生产经营自主权。实行家庭承包经营，突破了计划经济的束缚，种什么、怎么种、种多少，都由农民自己决定，农户可以因地制宜安排生产，根据市场的需求组织安排生产。二是打破了收益分配上的“大锅饭”，使农民的利益和劳动成果直接挂钩，得到可以看得见的物质利益。三是家庭承包经营适合我国农业生产的特点。我国农业最显著的特点是人多地少，农民人均可耕地才一亩左右，这就要求生产者精心照料农业生产的全过程。农民承包土地后，生产责任感大大增强，他们精耕细作、科学种田，努力提高劳动生产率。

归根结底，家庭承包经营这种生产关系，使农户获得了充分的经营自主权，得到了实惠，能够极大地调动农民的积极性，解放和发展农村生产力。农村土地承包经营方式这种生产关系适应我国农村生产力发展的要求。

16. 农村土地承包经营制度有什么优越性?

农村土地承包经营方式既适应传统农业，也适应农业现代化发展的要求，在统分结合的经济体制下，农村土地承包经营可以容纳不同的生产发展水平，在现阶段乃至今后，都具有旺盛的生命力。家庭承包经营赋予了农民生产经营自主权，确立了农户自主经营、自负盈亏的市场主体地位，他们自觉地顺应市场需求，调整产品结构，学习农业科技，实行科学种田，努力提高劳动生产率，以获得最大的经济效益。农村土地承包经营中以家庭承包经营为主。家庭承包经营虽然是一种传统的农业经营方式，但是它没有过时，即使在发达国家，占主导地位的农业经营方式也是家庭农场。家庭经营并不排斥现代化。我国的家庭承包经营虽然规模小，但在统分结合的双层经营体制下，农村集体经济组织可以发挥它的优势，在管好集体资产的同时，协调好利益关系，组织好生产服务和集体资源开发，能够解决一家一户难以办到的事情，推动我国农业向专业化、商品化、现代化发展。

农民有了生产经营自主权，不仅极大地调动了他们种粮、种棉的积极性，而且使他们从当地的实际和市场的需求出发，一方面，调整生产结构，种植适销对路的其他经济作物，饲养优质的家禽家畜，开发新的产品，有效地促进了农村多种经营的发展。过去我们长期提出的“农、林、牧、副、渔”全面发展的农业目标，在实行农村土地承包经营后才得到更好的实现。另一方面，农民有了积累，也有了择业的自由，一些农民跳出土地和农业的局限，办起了乡镇企业，在国家的大力支持和引导下，乡镇企业通过改制、引进资金和先进技术，得到快速的发展，已成为国民经济的一支重要力量。企业的发展推动了小城镇的建设，进而促进了农村第三产业的发展，使得大批农村富余劳动力从土地中转移出来。农村改革取得的巨大成功，开拓了农业产业化和农民就业的广阔空间。

17. 农村土地承包制度中的责任制有哪些？

农村土地承包制度的主要内容是关于以家庭承包为主的责任制和统分结合的双层经营体制。各种责任制，包括小段包工定额计酬，专业承包联产计酬，联产到劳，包产到户、到组，包干到户、到组等，都是社会主义集体经济的生产责任制，不论采取什么形式，只要群众不要求改变，就不要变动。家庭承包经营是从定额包工、联产到组、联产到劳、包产到户、包干到户等，并按包工——包产——包干，贫困地区——中间地区——发达地区，种植业——林牧渔业——非农产业的顺序演化、发展、完善起来的。

包干到户这种形式从 20 世纪 80 年代施行并沿用至今，在一些生产队实行以后，经营方式发生了变化，基本变为分户经营、自负盈亏。但是，它是建立在土地公有基础上的，农户和集体保持承包关系，由集体统一管理和使用土地、大型农机具和水利设施，接受国家的计划指导，有一定的公共提留，统一安排军烈属、五保户、困难户的生活，有的还在统一规划下进行农业基本建设。所以它不同于合作社以前的小私有的个体经济，而是社会主义农业经济的组成部分，随着生产力的发展，它将逐步发展成为更为完善的集体经济。

18. 为什么要长期坚持农村土地承包经营制度？

《农村土地承包法》第 1 条规定，为了巩固和完善以家庭承包经营为基础、统分结合的双层经营体制，保持农村土地承包关系稳定并长久不变，维护农村土地承包经营当事人的合法权益，促进农业、农村经济发展和农村社会和谐稳定，根据宪法，制定本法。

以家庭联产承包为主的责任制、统分结合的双层经营体制，作为我国乡村集体经济组织的一项基本制度长期稳定下来，并不断充实完善。把家庭承包这种经营方式引入集体经济，形成统一经营与分散经营相结合的双层经营体制，使农户有了生产经营自主权，又坚持了土地等基本生产资料公有制和必要的统一经营。这种双层经营体制，在统分结合的具体形式和内容上有很大的灵活性，可以容纳不同水平的生产力，具有广泛的适应性和旺盛的生命力。这是我国农民在党的领导下的伟大创举，是集体经济的自我完善和发展，绝不是解决温饱问题的权宜之计，一定要长期坚持，不能有任何的犹豫和动摇。

完善双层经营体制，包括完善家庭承包经营和集体统一经营。家庭承包经营不是“分田单干”，集体统一经营也不是“归大堆”。这两个经营层次相互依存、相互补充、相互促进，忽视任何一个方面，都不利于农村经济的健康发展。随着技术设备的完善和生产专业化程度的提高，有些地方对不同生产项目分别采取承包到劳、户、队、场（厂）等专业承包形式，也应注意处理好统与分的关系。林区、牧区、渔区的责任制，要充分考虑地区、民族和产业的特点，从实际出发，进一步加以完善。

目前多数地方集体经营层次比较薄弱，要在稳定家庭承包经营的基础上，逐步充实集体统一经营的内容。一家一户办不了、办不好、办起来不合算的事，乡村集体经济组织要根据群众要求努力去办。要做到集体财产有人管理，各种利益关系有人协调，生产服务、集体资源开发、农业基本建设有人组织。这不仅不会影响家庭经营，而且会给家庭经营注入新的活力，推动全体农户共同发展。

逐步壮大集体经济实力，增加集体可以统一支配的财力和物力，是完善双层经营，强化服务功能的物质基础，是增强集体凝聚力，促进共同富裕，巩固农村社会主义阵地的根本途径。壮大集体经济实力，主要靠利用当地资源进行开发性生产，兴办集体企业，增加统一经营收入；同时要搞好土地和其他集体财产的经营管理，按照合同规定收取集体提留或承包金；还可以发展服务业，合理收取服务费。总之，应从当地实际出发，依靠生产的发展和自身的积累逐步壮大集体经济实力，绝不可急于求成，更不能平调农户的财产。

19. 我国对土地经营权有哪些制度设计？

我国在立法层面首次明确了土地经营权的概念，并清晰地表达了农村土地承包人既可以自己经营，也可以流转其承包地的土地经营权，由他人经营土地的制度设计理念。《农村土地承包法》对土地经营权的具体规范有如下几点：

（1）关于土地经营权与土地承包权的分离。《农村土地承包法》第9条规定，承包方可通过自己经营完整地保有其土地承包经营权，也可以自主决定保留其土地承包权，流转土地经营权，由他人经营。

（2）关于流转土地经营权的方式。《农村土地承包法》第36条规定，承包方可自主决定依法采取出租（转包）、入股或者其他的方式向他人流转土地经营权，并向发包方备案。第38条规定，土地经营权流转应当依法、自愿、有偿；不得改变土地所有权的性质和土地的农业用途及不得破坏农业综合生产能力和农业生态环境；流转期限不得超过承包期的剩余期限；流转中的受让方须有农业经营能力或者资质；在同等条件下，本集体经济组织成员享有优先权。第40条规定，土地经营权流转时，双方当事人应签订书面的土地经营权流转合同。承包方将土地交由他人代耕不超过一年的，可以不签订书面合同。

（3）关于土地经营权的登记。《农村土地承包法》第41条规定，土地经营权流转期限为五年以上的，当事人可向登记机构申请土地经营权登记，未经登记，不得对抗善意第三人。

（4）关于土地经营权的融资担保，《农村土地承包法》第47条规定，承包方可以用承包地的土地经营权向金融机构融资担保。也就是说，承包方不用征求任何人的同意，自己就可以用土地承包经营权向金融机构融资担保。土地经营权流转的受让方也可以在经过承包方书面同意并向发包方备案后，将通过流转取得的土地经营权，作为担保物权的客体向金融机构提供。金融机构对土地经营权的担保物权自融资担保合同生效时设立。当事人可以就该担保物权向登记机构申请登记；未经登记的担保物权，不得对抗善意第三人。实现担保物权时，担保物权人有权就土地经营权优先受偿。

20. 土地经营权流转需要登记才能生效吗？

土地经营权的取得，自流转合同成立时生效。合同是当事人之间的一种合意，备案不是其生效要件，登记当然也不是。备案的主要目的是使农民集体获知土地经营权设定及土地经营权人经营、使用土地的事实。登记的主要目的则是将土地承包经营权分离出土地经营权的事实公之于众，以防对土地承包方已将土地经营权流转给他人的事实有所不知的善意第三人因此遭受损害。根据《农村土地承包法》第 41 条的规定，登记虽不是土地经营权取得的生效要件，却是土地经营权设定中的对抗要件，也就是说，土地经营权流转期限为 5 年以上时，当事人如未向登记机构申请土地经营权登记，将不能发生对抗善意第三人的效力。

21. 土地经营权的融资担保需要登记才能生效吗?

以土地经营权作为融资担保标的物是土地经营权自土地承包经营权中分离出之后，土地经营权交换价值的进一步体现。除土地承包方可将土地经营权作为融资担保标的外，土地经营权人也可以在承包方同意并在农民集体备案的前提下将土地经营权作为融资担保标的。基于土地承包经营权确权登记和农地流转交易市场的完善，将土地经营权进一步纳入融资担保标的物范畴是进一步发挥农地经营权交换价值的立法要义。将土地经营权设定担保权后，如果债务人不能履行债务，作为金融机构的债权人依法定程序就担保标的物价值获得债权的清偿，这样只能导致土地经营权主体改变的后果，对于土地承包权则没有影响，因此，承包地的集体所有性质也不会因此而有任何改变。

关于土地经营权的融资担保，《农村土地承包法》第 47 条规定，承包方可以用承包地的土地经营权向金融机构融资担保，就是承包方自己就可以用土地承包经营权向金融机构融资担保。土地经营权流转的受让方也可以在经过承包方书面同意并向发包方备案后，将通过流转取得的土地经营权作为担保物权的客体向金融机构融资担保。金融机构对土地经营权的担保权利自融资担保合同生效时设立。当事人可以就该担保权利向登记机构申请登记；未经登记的担保权利，不得对抗善意第三人。担保权人实现担保权时，若未办理登记，则不能就土地经营权的交换价值享有优先受偿权。

22. 家庭承包与其他方式的承包有哪些区别？

《农村土地承包法》第 3 条规定，国家实行农村土地承包经营制度。农村土地承包采取农村集体经济组织内部的家庭承包方式，不宜采取家庭承包方式的荒山、荒沟、荒丘、荒滩（以下简称“四荒地”）等农村土地，可以采取招标、拍卖、公开协商等方式承包。根据该条规定，我国法律规定的家庭承包是集体经济组织内部人人有份的承包。家庭承包主要有三个特点：一是以集体经济组织内部的农户家庭为单位承包。二是确定每户的承包地数量时，采取按人口平均分配的方法，集体经济组织成员人人有份，体现公平原则，发包方不能选择承包方，承包地具有强烈的社会保障和福利功能。三是家庭承包的土地主要是耕地、草地和林地。

其他方式的承包是指集体经济组织按照效率优先、兼顾公平的原则，通过招标、拍卖、公开协商等方式，将“四荒地”、养殖水面等承包给本集体经济组织成员或集体经济组织以外的单位和个人。其他方式的承包主要有四个特点：一是既可以以联户、专业队、个人为单位进行承包，也可以以家庭为单位进行承包。二是承包方不限于集体经济组织内部的农户和个人。三是承包的方法是通过招标、拍卖、公开协商等方式，由最有经营能力（即出价最高或者经营条件最适宜）的人承包。发包方按照效率优先、兼顾公平的原则选择承包人。四是承包的土地主要是“四荒地”以及果园、茶园、桑园、养殖水面等不太适宜按照家庭承包方式进行承包的土地。

家庭承包和其他方式的承包有以下几点区别：

一是承包方不同。家庭承包的承包方只能是本集体经济组织内部的农户。而以其他方式承包的承包方，既可以是本集体经济组织内部的农户，也可以是经过本集体经济组织大部分成员同意的外部企事业单位和个人。

二是承包的对象不同。家庭承包的对象主要是耕地、林地和草地。其他方式承包的对象，主要是不适宜实行家庭承包的土地，包括“四荒地”以及果园、蚕场、养殖水面及其他零星土地。

三是承包的原则不同。家庭承包的基本原则是公平，本集体组织成员人人有份。其他方式的承包不是人人有份的平均承包，承包的原则是效率优先、兼顾公平。

四是确定当事人权利义务的方式不同。家庭承包确定双方的权利义务必须遵守法律的具体规定，双方当事人可协商的空间并不是很大。其他方式的承包，双方当事人可以按照法律规定的方式，通过平等协商达成一致，确定双方的权利义务，可协商的空间比起家庭承包方式更灵活多样。

五是权利的保护方式不同。对通过家庭承包取得的土地承包经营权，按照物权方式予以保护。对通过其他方式的承包取得的土地承包经营权，则按照债权方式予以保护。

23. 农村土地承包后，土地的所有权性质有没有变化？

《农村土地承包法》第4条规定，农村土地承包后，土地的所有权性质不变。承包地不得买卖。我国农村实行的是以家庭承包为基础、统分结合的双层经营体制，土地等生产资料的所有权归农民集体所有，农户通过承包取得的是对集体土地的使用权。这种从集体土地所有权中分离出来的使用权使农民有了自主生产经营的权利，自己决定如何生产，决定种什么以及如何种植等；有了依照法律规定进行土地经营权合理流转的权利，农民可以通过转包、出租、互换、转让或者其他方式流转经营权；有了对承包土地的收益权，除依法缴纳的税费外，剩余的收益都由自己支配。

农村集体经济组织行使农村土地的所有权，做好对承包户的生产和生活的服务，以促进农业生产的发展。承包经营权与土地所有权是不同的，它不具有所有权所具备的占有、使用、处分和收益四种权能中的处分权。承包户转让其土地承包经营权，是在不得改变土地所有权的性质和土地的农业用途的前提下进行的，同时还需要满足以下 3 项条件：一是转让土地承包经营权需征得发包方同意。二是只能转让给从事农业生产经营的农户。三是原承包方与发包方的土地承包关系终止，受让方需与发包方签订新的承包合同，重新登记和领取承包经营权证等证书。而土地所有权的转让需要按《土地管理法》的规定进行，首先通过国家对土地的征收，将其变更为国家所有的土地，再由国家对土地的使用权进行转让，国有土地可以用于农业以外的其他用途。

所以我们需要注意的是：第一，土地承包不是私有化，农民对所承包的土地不具有独立的土地所有权，所有权仍属于农民集体，土地被承包后所有权的性质没有改变。第二，农民对自己所承包的土地不得买卖，只能依照《土地管理法》的规定对土地承包经营权进行流转。

24. 划分农村土地的依据是什么？

《农村土地承包法》第 2 条规定，本法所称农村土地，是指农民集体所有和国家所有依法由农民集体使用的耕地、林地、草地，以及其他依法用于农业的土地。一般来说，可以同时根据以下两个方面来确定是不是农村土地。

（1）根据土地的性质来确定。第一，农民集体所有的土地。根据《土地管理法》等法律规定，农村和城市郊区的土地，除由法律规定属于国家所有的外，属于农民集体所有。农民集体所有有三种形式：村农民集体所有；村内两个以上农村集体经济组织所有；乡（镇）农民集体所有。针对农民集体所有的土地，需要办理集体土地所有权登记，领取不动产权属证书。第二，国家所有依法由农民集体使用的土地。根据《土地管理法实施条例》的规定，下列土地属于全民所有即国家所有：城市市区的土地；农村和城市郊区中已经依法没收、征收、征购为国有的土地；国家依法征收的土地；依法不属于集体所有的林地、草地、荒地、滩涂及其他土地；农村集体经济组织全部成员转为城镇居民的，原属于其成员集体所有的土地；因国家组织移民、自然灾害等原因，农民成建制地集体迁移后不再使用的原属于迁移农民集体所有的土地。

国家所有依法由农民集体使用的农村土地，虽然所有权不属于使用该土地的农民集体，由于其是作为农村土地由农民集体使用从事农业生产，法律规定也实行承包经营。此类土地由农村集体经济组织、村民委员会或者村民小组发包。具体由谁发包，应当根据该土地的具体使用情况而定。由村农民集体使用的，由村集体经济组织发包；没有村集体经济组织或者村集体经济组织不健全的，由村民委员会发包。由村内集体经济组织的农民集体使用的，由村内集体经济组织发包；村内没有集体经济组织或者村内集体经济组织不健全的，由村民小组发包。村内集体经济组织或者村民小组发包有困难或者不方便的，也可以由村集体经济组织或者村民委员会代为发包。

（2）根据土地的用途来确定。《农村土地承包法》规定农村土地是指用于农业用途的土地，主要包括耕地、林地、草地、水域、滩涂、荒山、荒丘、荒沟、荒滩等农用地。农业用途是指将土地直接用于农业生产，从事种植业、林业、畜牧业、渔业生产等。农业用途一般是和非农建设相对的概念，非农建设是指将土地用于农业生产目的以外的建设活动。农村土地的承包方未经依法批准不得将承包地用于非农建设。比如不得擅自在耕地上建房、挖沙、采矿等，不得占用基本农田发展林果业、挖塘养鱼等。

25. 农村土地具体是指哪些土地？

《农村土地承包法》所规定的农村土地与我们平时所说的农民集体所有的土地不是一个概念，也可以说不是一个范围。我们一般所说的农民集体所有的土地是指所有权归集体的全部土地，其中主要有农业用地、农村建设用地等。《农村土地承包法》第 2 条规定的农村土地是指农业用地，既包括农民集体所有的农业用地，也包括国家所有依法归农民集体使用的农业用地。用于农业的土地主要有耕地、林地和草地，还有一些其他用于农业的土地，如养殖水面等。养殖水面主要是指用于养殖水产品的水面，养殖水面属于农村土地不可分割的一部分，也是用于农业生产的，所以也包括在本条所称的农村土地的范围之中。此外，荒山、荒丘、荒沟、荒滩等“四荒地”依法用于农业的，也属于本条所称的农村土地。上述这些用于农业的土地中数量最多、涉及面最广，与每一个农民利益关联最密切的是耕地、林地和草地，这些农村土地，多采用人人有份的家庭承包方式承包，集体经济组织成员都有承包的权利，因此，《农村土地承包法》把它突出表述。其他农村土地如“四荒地”、养殖水面等包含在本条规定的“其他依法用于农业的土地”之中。

总的来说，凡是由农民集体所有或者使用，用于农业生产，又适合承包的土地和水面，主要有农民集体所有的耕地、林地、草地及养殖水面、“四荒地”等其他农业地，以及国家所有但是由农民集体使用的林地、草地及养殖水面、“四荒地”等其他农业地，都属于《农村土地承包法》所称的农村土地，都要适用《农村土地承包法》的规定。

26. 农村集体经济组织成员是指哪些人？

《农村土地承包法》第5条规定，农村集体经济组织成员有权依法承包由本集体经济组织发包的农村土地。任何组织和个人不得剥夺和非法限制农村集体经济组织成员承包土地的权利。

集体经济组织是一种生产资料归一部分劳动者共同所有的公有制经济组织。集体经济的实质是合作经济，包括劳动联合和资本联合。农村集体经济组织成员是指在该集体经济组织生产，或生活在该集体经济组织，与该集体经济组织发生权利、义务关系的人。农村集体经济组织成员资格问题，直接涉及个人利益，对每个村民都非常重要。而恰恰在司法实践中，争议最大又最难确定的就是集体经济组织成员资格问题，无论是征地补偿费的分配、土地承包，还是土地承包合同纠纷的解决，无不涉及这一问题。

《土地管理法》《农村土地承包法》《民法典》《村民委员会组织法》等法律法规中都只提出了“农村集体经济组织”的名词概念，而对集体经济组织成员资格确定的标准不够明确，这容易引发诸多矛盾纠纷，也影响农村产权改革。尽快对农村集体经济组织成员资格作出法律解释，已成为当前推动农村改革发展的一项紧迫任务。从浙江省、四川省成都市温江区等地出台的相关规定来看，并结合多年来的基层工作实际，对于集体经济组织成员资格，应遵循实事求是、尊重历史、公平合理的原则，结合土地承包、享受权利、履行义务等情况予以界定。

一般来说，农村集体经济组织成员资格的确定原则有以下几点：（1）是否具有农村集体经济组织所在地常住户口。（2）是否在农村集体经济组织所在地长期生产、生活。（3）是否以农村集体经济组织的土地为基本生活保障。这三个标准并非并列关系，也非选择关系，要根据具体情况综合判断和分析。

农村集体经济组织成员资格的取得方式如下：（1）原始取得，即出生时，父母一方或双方具有本集体经济组织成员资格。（2）加入取得，即原非本集体经济组织成员，但基于一定法律关系嗣后取得本集体经济组织成员资格，如婚姻、收养、政策性迁移（因国防建设或其他政策因素，通过移民进入本集体经济组织所在地生产生活并依法登记为所在地常住户口的人也应取得所在地集体经济组织成员资格）等。

综上，农村集体经济组织成员是指本集体经济组织内的所有成员。只要一出生，不论年长年幼、是男是女，没有年龄和性别要求，都是本集体经济组织成员。任何组织和个人不得以民族、种族、性别、职业、家庭出身、宗教信仰、教育程度、财产状况、居住期限等理由，剥夺和非法限制农村集体经济组织成员的土地承包权。

27. 户口不在农村的人员享有农村集体经济组织成员资格吗？

农村集体经济组织成员资格的确定还存在一些特殊情况，有些人不具有农村经济集体经济组织所在地常住户口但具有农村集体经济组织成员资格。此类人员虽然没有原农村集体经济组织所在地常住户口，但因为其还是以农村土地为基本生活保障，故应保留其农村集体经济组织成员资格，具体包括以下三类人员：

（1）学习人员。具体指考入大中专院校将户口迁入所在学校，所在学校以集体户口的形式统一管理的人员。应当注意的是，所在学校之所以要求学习人员将户口迁入学校集体户口仅仅是出于行政管理的需要，并不表示学习人员取得学校所在地的常住户口，学习人员仍然以农村土地为基本生活保障，保留其成员资格对提高农村人口素质有积极意义。

（2）服兵役人员。《退役士兵安置条例》规定，农村入伍的义务兵和初级士官，复员后回农村，政府不负责安排工作和解决城市户口，所以该类人员仍需要以承包的土地为基本生活来源，保留该类人员农村集体经济组织成员资格对维护国家安全、巩固国防有重大意义。

（3）服刑人员。这类人员虽因违法犯罪行为丧失人身自由甚至政治权利，但其集体经济组织成员资格并不因此丧失。该类人员虽然迁出所在地常住户口，但迁入户口所在地并不负担其回归社会后的基本生活保障，保留其农村集体经济组织成员资格，对他们积极接受改造以及避免回归社会后因生活所迫再次陷入犯罪深渊，真正实现改造目的具有不可替代的作用。

应当注意的是，具有农村集体经济组织所在地常住户口并不代表具有农村集体经济组织成员资格。以回乡退养人员为代表，该类人员虽然将户口迁入农村也在该地生产生活，但其享有退休人员的工资和各项福利待遇，具有基本生活保障来源，该类人员不宜认定为具有农村集体经济组织成员资格。

28. 怎样确定“外嫁女”的集体经济组织成员资格？

“外嫁女”集体经济组织成员资格确定的问题，在实践中最为复杂。但一般来说，应以“外嫁女”实际生产生活所在地来确定其集体经济组织成员资格。

出于经济利益的驱动，部分相对富裕的集体经济组织的女性嫁入相对贫穷的集体经济组织时，虽已在嫁入地生产生活但并不将户口迁入。但其既然脱离原集体经济组织所在地生产生活，就表明其与原集体经济组织已不存在较为固定的集体生产生活状态，认定其具有原集体经济组织成员资格将导致单一户口标准带来的富裕集体经济组织人口的畸形膨胀，加大该区域内人口与资源的“负压差”。另外，从集体经济组织的自然共同属性出发，因嫁娶而进入本集体经济组织生产生活所增加的人口自古就被认为是本集体经济组织人口数量增长的重要途径之一，以实际生产生活所在地认定“外嫁女”的集体经济组织成员资格，也符合历史形成的自然习惯。

29. 在哪些情况下会丧失农村集体经济组织成员资格？

农村集体经济组织成员资格的丧失与取得具有关联性，部分情形下表现为在一个农村集体经济组织丧失成员资格而在另一个农村集体经济组织取得成员资格，成员享受的权利实质上没有变化，只是该权利依托的法律载体发生一定范围的移位。具体来说，丧失农村集体经济组织成员资格的情形有以下 3 种：

一是因成员死亡而丧失。成员自然死亡的，其农村集体经济组织成员资格自动丧失。对于宣告死亡而言，应从宣告死亡之日起丧失成员资格。若因下落不明或失踪而被宣告死亡者返还原地，在其撤销宣告死亡后应主动认定其为原农村集体经济组织成员。因下落不明被宣告失踪的，不应取消其农村集体经济组织成员资格，其享受的成员权利由其财产保管人或家庭成员代为行使。

二是因组织终止而丧失。由于集体土地被国家征收或移民搬迁等导致原农村集体经济组织终止，原村民的成员资格亦当然丧失。由于国家政策因素进行农村基层自治组织调整导致农村集体经济组织分立、合并，村民的原集体经济组织成员资格自动丧失并取得新农村集体经济组织成员资格。

三是因成员身份关系变化而丧失。成员因结婚、收养、迁入城镇等原因，其户籍或实际生产生活已经脱离了原农村集体经济组织的，应自动丧失成员资格。

30. 我国法律对农村妇女的土地承包经营权保护有何规定？

《农村土地承包法》第 6 条规定，农村土地承包，妇女与男子享有平等的权利。承包中应当保护妇女的合法权益，任何组织和个人不得剥夺、侵害妇女应当享有的土地承包经营权。根据本条的规定，农村妇女在承包土地时享有与男子平等的权利。农村土地承包中应当保护妇女的合法权益，任何组织和个人不得剥夺、侵害妇女应当享有的土地承包经营权。

农村土地承包中妇女与男子享有平等的权利，是男女平等原则的重要体现。在我国漫长的封建社会中，男女的地位不平等，男尊女卑，妇女在社会上没有地位，也不享有太多的财产权。

中华人民共和国成立后，实行男女平等的社会制度，但是，也应当看到，由于封建残余思想的影响，在一些农村中仍然存在歧视妇女的现象，妇女在农村土地承包中的权利受到侵害。因此，《农村土地承包法》强调保护妇女在土地承包中的平等权利，不仅是贯彻男女平等、保护妇女权益的重要体现，在广大农村地区，也具有重要的现实意义。

31. 农村妇女在承包土地方面享有哪些权利?

农村妇女在农村土地承包中的权利，主要体现在以下几个方面：

（1）作为农村集体经济组织的成员，妇女同男子一样有权承包本集体经济组织发包的土地。农村妇女从一出生时起，就是本集体经济组织的成员。本集体经济组织在发包土地时，应当不论男女，按照家庭人口数额来确定承包土地的份额。不能因为是妇女而不允许其承包土地，也不能因为是妇女而不分配给其应有的承包地份额。

（2）妇女结婚的，其承包土地的权利受法律保护。在现实中，农村妇女结婚后往往在男方家落户。有的情况下，男方家属于另外一个农村集体经济组织，该妇女在新居住地如果未获得承包土地，其在原集体经济组织获得的承包土地，发包方不得收回。

（3）妇女离婚或者丧偶后仍在原居住地生活，或者不在原居住地生活但在新居住地未取得承包地的，原集体经济组织不得收回该妇女已经取得的承包地。对非法剥夺、侵害农村妇女依法享有的土地承包经营权的，受侵害的妇女可以向发包方，如村集体经济组织、村委会或者村民小组主张自己的权利，还可以向农村土地承包仲裁机构申请仲裁，也可以直接向人民法院起诉，要求侵权方承担停止侵害、恢复原状、排除妨害、赔偿损失等民事责任，以维护自己承包土地的合法权益。

根据法律规定，必须加强对妇女承包权益的保护，以法律的形式明确妇女与男子享有平等的承包权利，任何组织和个人不得剥夺、侵害妇女应当享有的土地承包经营权。《农村土地承包法》对保护妇女承包权益的问题作出特别规定，有利于保护弱者，体现公平，维护社会稳定。保护妇女的承包权益，特别应当保护妇女出嫁、离婚或者丧偶后享有的土地承包经营权，要确保农村出嫁、离婚或者丧偶的妇女都有一份承包地。

32. 土地使用权确认指的是什么？

土地使用权确认在我国有关土地管理的法律文件中，被称为土地确权。不论称谓如何，实质上都是对土地使用权归属的确认。土地使用权确认是指在土地使用权的归属不明或发生争议时，利害关系人请求有关权力机关确认土地使用权归属，从而解决土地使用权争议的行为。土地使用权确认请求权由对特定的土地有利害关系的人行使，利害关系人不一定是土地使用权人，在土地使用权的归属不清或发生争议时，利害关系人可以是任何与特定的土地有土地使用权法律关系的自然人、法人和其他组织，他们都可以向有关机关或机构提出土地使用权确认的请求。

根据法律规定，农村和城市郊区的土地，除了由法律规定属于国家所有的以外，属于农民集体所有；宅基地和自留地、自留山，属于农民集体所有。农民集体所有有三种形式：一是村农民集体所有；二是村内两个以上农村集体经济组织所有；三是乡（镇）农民集体所有。对农民集体所有的土地，土地所有者或者发包者向土地所在地的县级人民政府土地行政主管部门提出土地登记申请，由县级人民政府登记造册，确定农民集体所有的土地的权属性质、面积、坐落，核发集体土地所有权证书，确认所有权。如有争议，可要求县级人民政府土地行政主管部门确认所有权，或者向人民法院提起确权之诉。

农民集体所有的土地，由县级人民政府登记造册，核发证书，确认所有权。农民集体所有的土地依法用于非农业建设的，由县级人民政府登记造册，核发证书，确认建设用地使用权。单位和个人依法使用的国有土地，由县级以上人民政府登记造册，核发证书，确认使用权；其中，中央国家机关使用的国有土地的具体登记发证机关，由国务院确定。确认林地、草原的所有权或者使用权，确认水面、滩涂的养殖使用权，分别依照《森林法》《草原法》和《渔业法》的有关规定办理。

33. 如何确认土地使用权？

土地使用权确认是土地使用权保护的前提，只有确认了土地使用权，才能明确土地使用权的归属，只有在土地使用权归属明确的情形下，土地使用权受到侵害或妨害的，土地使用权人才可以行使权利寻求救济。土地使用权人既可以直接行使土地使用权请求权，以土地使用权方法获得保护，也可以行使债权请求权，以债权方法获得保护。在土地使用权归属不明或发生归属争议的情况下，首先应进行土地使用权确认，明确土地使用权归属之后，才能确定谁是真正的土地使用权人，才能确定请求权行使的主体。

土地使用权确认的主体是行政机关和人民法院。行政机关拥有行政裁决权，对有关土地权属等争议，依法行使裁决权。相关权利人对行政机关确权决定不服的，可申请行政复议，或者提起行政诉讼，由人民法院进行司法审查。

土地使用权的确认包括两方面的内容：

一是对土地使用权归属的确认。确认土地使用权的归属就是确认土地使用权的权利主体，即确认对特定的土地享有直接占有和排他权利的权利人，所要确认的权利主体包括使用权和担保权的权利人。行使返还原物、消除危险、排除妨害、赔偿损失等请求权，都是以土地使用权归属确定为前提，如果权利归属不清，行使土地使用权请求权和侵权请求权将没有依据。

二是对土地使用权内容的确认。不同类型的土地使用权需要确认的具体内容如下：

（1）通过划拨取得的国有土地使用权。首先，国有土地使用权划拨，指的是经过县级以上人民政府依法批准，土地使用者依法缴纳相关补偿、安置等费用后该土地归其使用，或者无偿交付该土地给使用者使用的行为。此种方式下的土地使用权即划拨土地使用权，系一种无偿的政府行政配置方式，且除法律、行政法规另有规定外，不受使用年限的限制，因而，划拨用地的范围受到法律的严格限制。未经批准，土地使用者不得转让划拨土地使用权。

（2）出让土地使用权，是通过招标、拍卖、挂牌或者协议的方式取得的一种国有土地使用权。拟将土地用于商业、旅游、娱乐和商品住宅等经营性的，须采用招标、拍卖、挂牌的方式才可以取得此种土地使用权。

（3）承租土地使用权，顾名思义，是通过国有土地租赁方式取得的一种国有土地使用权。承租人按约定支付土地租金，并依法领取该租赁国有土地使用权权属证书，且依约完成协议中所要求的开发建设工程的，经相关部门同意或依照协议内容，可进行转租、转让以及抵押等行为，但须依法进行登记，便于土地行政主管部门进行国有土地管理。所以，承租人享有对该租赁土地的使用权、收益权和部分处置权。

（4）作价出资或入股土地使用权，即土地使用权被作为国家投资的对价，来获得企业的国家资本金或股本金，但是该国有土地使用权必须受到年限的限制。此时应当由市、县级人民政府土地行政主管部门向企业颁发《国有土地使用权作价出资（入股）决定书》，当事人可依法进行土地使用权的转让、出租或抵押等行为。

34. 国家为何要提倡保护土地资源的合理开发和可持续利用？

《农村土地承包法》第 11 条规定，农村土地承包经营应当遵守法律、法规，保护土地资源的合理开发和可持续利用。未经依法批准不得将承包地用于非农建设。国家鼓励增加对土地的投入，培肥地力，提高农业生产能力。

土地是人类可利用的一切自然资源中最基本、最宝贵的资源。它是人类赖以生存的基地，凭着它的存在人类才有立足之地，人类凭借着土地栖息繁衍。在人类生活中，土地是最基本的生产资料，也是为人类提供食物和其他生活资料的重要源泉。而人口多、土地少，特别是耕地少是我国的基本国情。

我国国土总面积约960万平方千米，约占世界陆地面积的1/15，居世界第三位。但由于人口多，人均占有国土面积不到世界人均占有量的1/3。而在我国国土总面积中，不能或者难以利用的沙漠、冰川、戈壁、石山和高寒荒漠又占去相当大一部分。我国的耕地资源还存在以下几个突出的问题：一是人均占有耕地的数量少。目前，我国耕地的统计数约为14亿多亩，按统计数计算，我国人均耕地1亩多，不及世界人均耕地3亩多的一半。二是耕地总体质量差，生产水平低。耕地中有灌溉设施的不到40%，抵御自然灾害的能力差。三是耕地退化严重。由于我国许多耕地处于干旱和半干旱地区，受荒漠化影响，这些地区40%的耕地存在不同程度的退化。全国有30%左右的耕地不同程度受水土流失的危害。四是耕地后备资源匮乏。我国耕地后备资源大约还有2亿亩，但大多为质量差、开发难度大的土地。每年因各项建设占用以及自然灾害毁损等还在造成耕地不断减少。

与此同时，我国的人口却还在不断地增长。人增地减的趋势已经成为我国经济社会发展中的一个重大问题和严峻挑战。因此，十分珍惜、合理利用土地和切实保护耕地，是关系国计民生、关系国家发展全局和中华民族生存安危的大事，是我国的基本国策。

还要看到，合理开发土地，保护土地资源也是促进社会经济可持续发展的要求。当前，走可持续发展的道路已经成为世界各国的共同选择。土地作为一种自然资源，它的存在是非人力所能创造的，土地本身的不可移动性、地域性、整体性、有限性是固有的，人类对它的依赖和永续利用程度的增加也是不可逆转的。因此，强化土地管理，保证对土地的永续利用，以促进社会经济的可持续发展也是土地承包中应当特别重视的一个问题。因此，《农村土地承包法》明确要求：农村土地承包应当遵守法律、法规，保护土地资源的合理开发和可持续利用。

35. 我国对土地进行了怎样的分类？

我国将土地分为农用地、建设用地和未利用地。《土地管理法》第4条规定，国家实行土地用途管制制度。国家编制土地利用总体规划，规定土地用途，将土地分为农用地、建设用地和未利用地。严格限制农用地转为建设用地，控制建设用地总量，对耕地实行特殊保护。农用地是指直接用于农业生产的土地，包括耕地、林地、草地、农田水利用地、养殖水面等。建设用地是指建造建筑物、构筑物的土地，包括城乡住宅和公共设施用地、工矿用地、交通水利设施用地、旅游用地、军事设施用地等。未利用地是指农用地和建设用地以外的土地。使用土地的单位和个人必须严格按照土地利用总体规划确定的用途使用土地。

农村土地承包中的土地主要是指农民集体所有和国家所有依法由农民集体使用的耕地、林地、草地，以及其他依法用于农业的土地。农业用途是指将土地直接用于农业生产，从事种植业、林业、畜牧业、渔业生产。非农建设是指将土地用于农业生产目的以外的建设活动。如不得在耕地上建窑、建坟，或者擅自在耕地上建房、挖砂、采石、采矿、取土等；不得占有基本农田发展林果业和挖塘养鱼。

36. 土地承包经营权证书有什么作用？

土地承包经营权证书，是确认承包方享有土地承包经营权的法律凭证，是调解、仲裁和审理土地承包经营纠纷的证据，受国家法律的保护。《农村土地承包法》第24条规定，国家对耕地、林地和草地等实行统一登记，登记机构应当向承包方颁发土地承包经营权证或者林权证等证书，并登记造册，确认土地承包经营权。土地承包经营权证或者林权证等证书应当将具有土地承包经营权的全部家庭成员列入。

为了稳定土地承包关系，更好地保障农村土地承包当事人的合法权益，当事人签订土地承包合同后，国家登记机构应当向承包方颁发土地承包经营权证等证书，并登记造册。对此，在其他法律和国家有关政策中也有规定。如《森林法》规定，林地和林地上的森林、林木的所有权、使用权，由不动产登记机构统一登记造册，核发证书。《草原法》也作了相同的规定。

37. 未经登记的土地承包经营权受法律保护吗？

登记制度是物权制度的重要组成部分。登记的最主要功能是对物权的设立、变更或者消灭进行公示。登记不仅可以表彰物权的产生或者设立，而且有助于解决物权的冲突。关于物权登记的效力，存在两种做法：一种是登记是不动产物权合法移转的必要条件，未经登记，不发生效力。另一种是登记是当事人在物权变动后应当履行的手续，未经登记，物权变动在法律上也可有效成立，但只能在当事人之间产生效力，不能对抗第三人。

对于设立土地承包经营权，承包方是否必须进行登记？考虑到我国农村土地承包的实际情况，应当认可实践中已完成的确权发证和登记造册工作，不宜再由承包方主动向人民政府申请登记发证。《农村土地承包法》第23条规定，承包合同自成立之日起生效，承包方自承包合同生效时取得土地承包经营权。也就是说，在家庭承包中，依法签订的承包合同一经成立，立即产生法律效力，不需要办理批准、登记手续，承包方就可享有土地承包经营权。

38. 土地承包经营权登记要收费吗？

实践中，有的地方和部门不顾国家三令五申，随意向农民伸手，面向农民进行各种收费、集资、罚款和摊派项目多、数额大，严重侵害了农民的合法权益，挫伤了农民的生产积极性，影响了农村社会稳定。针对这种情况，为了避免登记机构利用颁发土地承包经营权证等证书的便利条件，随意提高收费标准或者乱收费，侵害农民利益，《农村土地承包法》明确规定，登记机构颁发土地承包经营权证或者林权证等证书，除按规定收取证书工本费外，不得再收取其他费用。这样规定，有利于防止登记机构借登记之机乱收费，有利于维护农民的合法权益和农村社会的稳定。

39. 政府如何依法保护和合理利用土地，防止永久性损害？

依法保护土地，是指对土地生产能力进行保护，保证土地生态环境的良好性能和质量。合理利用土地，是指承包方在使用土地的过程中，通过科学使用土地，使得土地的利用与其自然的、社会的特征相适应，充分发挥土地要素在生产活动中的作用，以获得最佳的经济、生产、生态的综合效益。永久性损害，是指使土地不再具有生产能力，不能再被利用的损害。

保护土地资源的合理开发和可持续利用，各级人民政府应当依法采取措施，全面规划，严格管理、保护、开发土地资源，制止非法占用土地的行为。根据《土地管理法》等法律的规定，各级人民政府应当采取以下措施保护和合理利用土地：（1）依据国民经济和社会发展规划、国土整治和资源环境保护的要求、土地供给能力以及各项建设对土地的需求，组织编制土地利用总体规划。通过编制土地利用总体规划，将土地分为农用地、建设用地和未利用地；严格限制农用地转为建设用地，控制建设用地总量，对耕地实行特殊保护。确保本行政区域内耕地总量不减少。（2）实行基本农田保护制度。各省、自治区、直辖市划定的基本农田应当占本行政区域内耕地的80%以上。征收基本农田必须经国务院批准，地方各级人民政府无权批准征收基本农田。（3）按照土地利用总体规划，应当采取措施改造中、低产田，整治闲散地和废弃地。（4）应当采取有效措施鼓励农民和农村集体经济组织增加对土地的投入，培肥地力，提高农业生产能力。

40. 集体土地所有人应如何依法保护和合理利用土地，防止永久性损害？

集体土地的所有人，也就是土地的发包方应当采取以下措施保护和合理利用土地，防止永久性伤害：

（1）监督承包方依照承包合同约定的用途合理利用和保护土地，制止承包方损害承包地和农业资源的行为，如占用基本农田发展林果业和挖塘养鱼等。如果承包方给承包地造成永久损害，发包方有权制止，并有权要求承包方赔偿由此造成的损失。

（2）执行县、乡（镇）土地利用规划，组织本集体经济组织内的农业基础设施建设，对田、水、路、林、村综合整治，提高耕地质量，增加有效耕地面积，改善农业生产条件和生态环境。维护排灌工程设施，改良土壤，提高地力，防止土地荒漠化、盐渍化、水土流失和污染土地。

（3）切实履行承包合同，保证承包方对土地的投入，培肥地力，提高承包方的农业生产积极性。如耕地的承包期为30年，在承包期内，发包方不得违法收回、调整承包地；在承包期内，承包方交回承包地时，发包方对其在承包地上投入而提高土地生产能力的，应当给予补偿。

41. 承包人应如何依法保护和合理利用土地，防止永久性损害？

《农村土地承包法》第11条规定，农村土地承包经营应当遵守法律、法规，保护土地资源的合理开发和可持续利用。未经依法批准不得将承包地用于非农建设。国家鼓励增加对土地的投入，培肥地力，提高农业生产能力。第 18 条同时规定，承包方承担依法保护和合理利用土地，不得给土地造成永久性损害的义务。因此，承包方应当采取以下措施保护和合理利用土地，防止永久性损害：

（1）按照承包合同中确定的土地用途使用土地。承包土地的目的就是从事种植等农业生产，禁止改变农用土地的用途，不得将其用于非农业建设。如不得在耕地上建窑、建坟或者擅自在耕地上建房、挖砂、采石、采矿、取土等。从保护耕地的角度，承包方不得占用基本农田发展林果业和挖塘养鱼。承包方违法将承包地用于非农建设的，由县级以上人民政府有关部门予以处罚。

（2）增加土地的投入，禁止掠夺性开发。承包方应当合理地增肥地力，一方面，有利于提高土地生产力，发挥土地最大效益，从而提高农作物的产量，增加收入；另一方面，有利于提高土地质量，保证农业生产的可持续发展，造福子孙后代。

（3）合理利用土地，不得给土地造成永久性损害。实践中，为了片面追求短期内的生产效益，有的承包方在承包地上大量施用化肥和农药，结果导致土壤污染，生产能力下降；有的承包方擅自改变农用地的用途，如在耕地上建房、建窑等，对耕地造成难以恢复的损害。承包方给土地造成永久性损害的，应当承担赔偿损失等法律责任。

42. 国家对集体土地所有者合法权益的保护体现在哪些方面?

《农村土地承包法》第 8 条规定，国家保护集体土地所有者的合法权益，任何组织和个人不得侵犯。国家对集体土地所有者合法权益的保护主要表现在以下几个方面:

（1）对集体所有的土地，依法确认所有权。根据《土地管理法》等法律的规定，农村和城市郊区的土地，除了由法律规定属于国家所有的以外，属于农民集体所有；宅基地和自留地、自留山，属于农民集体所有。农民集体所有有三种主要形式：一是村农民集体所有；二是村内两个以上农村集体经济组织所有；三是乡（镇）农民集体所有。对农民集体所有的土地，由县级人民政府登记造册，确定农民集体所有的土地的权属性质、面积、坐落，并将这些内容记载到土地登记簿，同时核发集体土地所有权证书，确认所有权。农民集体所有的林地、草原的所有权登记，应当按照《森林法》《草原法》的有关规定办理所有权登记，有关部门应当向农民集体所有者核发林地、草原所有权证书，确认所有权。依法登记的农民集体所有的土地所有权受法律保护，任何单位和个人都不得侵犯。

（2）保护农村集体经济组织依法对土地的经营管理权。根据《土地管理法》和《农村土地承包法》的规定，农村集体所有的土地依法属于村农民集体所有的，由村集体经济组织或者村民委员会经营、管理，在农村土地家庭承包中，由村集体经济组织或者村民委员会作为发包方，与本集体的农户签订承包合同，将土地交由承包方经营。农村集体土地由村内两个以上农村集体经济组织所有的，由村内各该农村集体经济组织或者村民小组经营、管理，并作为家庭承包的发包方，与本集体经济组织成员签订承包合同，将土地交由承包方经营。集体土地所有者依法对土地享有的经营管理权，受法律保护。在农村土地承包中，任何组织和个人都不得非法干涉发包方的权利，尤其是国家机关及其工作人员不得利用职权干涉农村土地承包。

（3）对侵犯集体土地的行为，给予法律制裁。依法登记的集体土地受到非法侵害时，集体土地的所有人可以要求人民政府有关部门给予保护，如在土地承包中，承包方非法在耕地上建房、采石等，土地行政管理部门根据发包方的报告责令承包方改正、治理，并依法处罚。对非法侵占农民集体所有土地的，发包方可以要求人民政府有关部门确认所有权或者向人民法院提起确权之诉等。

如果农村集体经济组织的承包方违反承包合同约定，对农村集体经济组织的土地所有权等权益造成损害的，农村集体经济组织有权根据法律规定要求承包方承担赔偿损失等民事责任。

43. 国家如何保护承包方的土地承包经营权?

国家不仅保护集体土地所有者的合法权益，根据《农村土地承包法》第8条的规定，承包方的土地承包经营权同样受到保护。国家保护承包方的土地承包经营权主要表现在以下几个方面:

(1)《农村土地承包法》明确规定，农村集体经济组织成员有权依法承包由本集体经济组织发包的土地。任何组织和个人不得剥夺和非法限制农村集体经济组织成员承包土地的权利。

(2)承包期内，发包方不得收回承包地。国家保护进城农户的土地承包经营权。不得以退出土地承包经营权作为农户进城落户的条件。承包期内，承包农户进城落户的，引导支持其按照自愿有偿原则依法在本集体经济组织内转让土地承包经营权或者将承包地交回发包方，也可以鼓励其流转土地经营权。承包期内，承包方交回承包地或者发包方依法收回承包地时，承包方对其在承包地上投入而提高土地生产能力的，有权获得相应的补偿。

(3)承包期内，发包方不得调整承包地。承包期内，因自然灾害严重毁损承包地等特殊情形对个别农户承包的耕地和草地需要适当调整的，必须经本集体经济组织成员的村民会议2/3以上成员或者2/3以上村民代表的同意，并报乡(镇)人民政府和县级人民政府农业农村、林业和草原等行政主管部门批准。承包合同中约定不得调整的，按照其约定。承包合同中违背承包方意愿或者违反法律、行政法规有关不得收回、调整承包地等强制性规定的约定无效。

（4）承包期内，承包方可以自愿将承包地交回发包方。

（5）承包方应得的承包收益，依照继承法的规定继承。林地承包的承包方死亡，其继承人可以在承包期内继续承包。土地承包经营权通过招标、拍卖、公开协商等方式取得的，该承包人死亡，其应得的承包收益依照继承法的规定继承；在承包期内，其继承人可以继续承包。

（6）家庭承包中的承包方可以依法将其取得的土地承包经营权采取转包、出租、互换、转让等方式流转。承包方之间为发展农业经济，可以自愿联合将土地承包经营权入股，从事农业合作生产。通过招标、拍卖、公开协商等方式承包农村土地，经依法登记取得土地承包权证或者林权证等证书的，其土地承包经营权可以依法转让、出租、入股、抵押或者以其他方式流转。承包方有权依法自主决定土地承包经营权是否流转和流转的形式。任何组织和个人强迫承包方进行土地承包经营权流转的，该流转无效。流转的收益归承包方所有，任何组织和个人不得擅自截留、扣缴。任何组织和个人擅自截留、扣缴土地承包经营权流转收益的，应当退还。

（7）发包方违反承包合同给承包方造成损失的，承包方有权要求发包方承担赔偿损失等违约责任。发包方或者其他组织和个人，非法干涉承包方生产经营权等合法权益的，承包方有权要求侵权人承担停止侵害、返还原物、恢复原状、赔偿损失等民事责任。

44. 土地承包经营权可以继承吗？

《农村土地承包法》第32条规定："承包人应得的承包收益，依照继承法的规定继承。林地承包的承包人死亡，其继承人可以在承包期内继续承包。"从中可以看出，林地由于承包周期长，可作为遗产继承，其他耕地的收益应作为遗产继承。

我国《农村土地承包法》对土地承包经营权的继承采取了两种不同的规定，对于家庭承包，林地承包人死亡的，其继承人可以在承包期内继续承包，而耕地或草地等农用地上的土地承包经营权不能继承。家庭承包是以户为单位取得土地承包经营权，家庭中部分成员死亡，只要作为承包方的户还在，就不发生继承的问题，而由家庭中的其他成员继续承包即可。若作为承包经营的家庭即"户"消亡的情况下（如家庭人员全部死亡），因为承包地不属于该户的私有财产，故承包经营权不允许继承，承包经营合同因"户"这一主体消亡而终止，相应的承包地应当由发包人收回。对于其他方式的承包，在承包期内，承包人死亡的，其继承人可以继续承包。因为其他方式的承包通常以承包人个人的名义进行，承包人死亡的，其继承人可以依法继承承包经营权。

承包地虽然不允许继承，但承包人应得的承包收益，如已收获的粮食、未收割的农作物等，作为承包人的个人财产，则应当依照继承法的规定继承。继承开始后，按照法定继承办理；有遗嘱的，按照遗嘱继承或者遗赠办理；有遗赠扶养协议的，按照协议办理。法定继承的，继承开始后，由第一顺序继承人继承，即配偶、子女、父母，第二顺序继承人不继承。没有第一顺序继承人继承的，由第二顺序继承人继承，即兄弟姐妹、祖父母、外祖父母。继承人可以是本集体经济组织的成员，也可以是本集体经济组织以外的成员。承包人应得的承包收益，自承包人死亡时开始继承，而不必等到承包经营的家庭消亡时才开始继承。

关于林地能否继承的问题，《农村土地承包法》第32条第2款规定："林地承包的承包人死亡，其继承人可以在承包期内继续承包。"允许林地继承，与规定林地不得收回和调整的原因一致，主要是考虑到林地的承包经营与耕地、草地的承包经营相比有其特殊性。由于林业生产经营周期和承包期长、投资大、收益慢、风险大，并且林木所有权的继承与林地不能分离，如果不允许林地继承，不利于调动承包人的积极性，还可能出现滥砍滥伐，破坏生态环境的情况。而且，承包人可能对林地做了长年、大量的投入，在刚刚开始获得收益时去世，不允许其继承人继承，也是不合理的。因此，林地承包人死亡的，其继承人可以在承包期内继续承包。林地的继承也应当按照继承法的规定继承。即使继承人另有林地承包经营权，或是在另一农村集体经济组织落户，或是取得城市户口、在城市就业，在承包期内其都有权继承。应当注意的是，同耕地和草地一样，集体经济组织内部人人有份的林地承包也是以户为生产经营单位的，家庭中部分成员死亡的，也不发生继承的问题，应由家庭中的其他成员继续承包。当然，此时被继承人应得的承包收益，应当依照继承法的规定继承。

45. 什么是机动地？

在农村土地承包经营时，有些农村集体经济组织为以后可能进行的调整而预先留出的土地，称为机动地。但在延长土地承包期的过程中，一些地方为了增加乡、村集体收入，随意扩大机动地的比例，损害了农民群众的利益。因此，对预留机动地必须严格控制。《农村土地承包法》第67条对预留机动地作了限制性和禁止性规定："本法实施前已经预留机动地的，机动地面积不得超过本集体经济组织耕地总面积的百分之五。不足百分之五的，不得再增加机动地。本法实施前未留机动地的，本法实施后不得再留机动地。"

机动地本来是为解决因人口变化、征地、自然灾害等各种情况导致的人地矛盾问题而预留的土地。但实践中这种做法有一定的负面作用，也存在一些问题。首先，试图通过预留一定数量的土地解决未来数十年中可能出现的人地矛盾是不切实际的。当前国家政策规定的承包期是一段相当长的时间，而时间越长预测其间人地矛盾发生的概率就越困难，机动地预留就越难做到适度。其次，机动地可能带来的收益会驱使一些地方借预留机动地与民争利，侵害农民的合法权益。实践中对预留机动地的监管是比较困难的，相对弱势的农民对此往往无能为力，集体经济组织利用预留的机动地从事经营活动或者对外发包，从中获利的机会是比较大的。有的地方随意扩大机动地面积，侵犯了作为所有者的农民集体的利益。为纠正这种错误做法，中央有关文件曾多次强调要控制机动地比例，明确指出预留机动地不得超过耕地总面积的百分之五。

鉴于机动地存在的负面影响，一方面，不鼓励预留机动地；另一方面，对已经预留的，只要不超过国家规定的百分之五的比例，还是允许的。仅规定机动地的比例限制还是不够的。如有的地方会以机动地没有达到规定比例为由，通过对已经承包的土地进行调整或者将本应发包的土地预留为机动地。有的地方会以没有预留机动地为由，打乱已经建立的承包关系。这些都会影响农村土地承包关系的稳定，损害广大农民的合法权益。

因此，《农村土地承包法》明确规定，机动地不足百分之五的，不得再增加机动地。该法实施前未留机动地的，该法实施后不得再留机动地。对于今后可能出现的人地矛盾问题，除利用现有的机动地解决外，还可以通过其他方式，如利用依法开垦增加的土地、承包方依法自愿交回的土地，以及土地承包经营权的流转，发挥社会主义市场机制的作用等方式来解决。当然，对于符合法律规定的调整条件的，也可以依法进行调整。

46. 农村土地承包行政管理部门有哪些？

《农村土地承包法》第12条规定，国务院农业农村、林业和草原主管部门分别依照国务院规定的职责负责全国农村土地承包经营及承包经营合同管理的指导。县级以上地方人民政府农业农村、林业和草原等主管部门分别依照各自职责，负责本行政区域内农村土地承包经营及承包经营合同管理。乡（镇）人民政府负责本行政区域内农村土地承包经营及承包经营合同管理。

由于农村土地承包涉及不同类型的农村土地，对农村土地承包及承包合同的管理也涉及政府各个相关的行政部门。根据《农村土地承包法》第12条规定的三个层次，分述如下：

第一，国务院农业农村、林业和草原主管部门及其职责。根据《农业法》的规定，农业是指种植业、林业、畜牧业和渔业。《农业法》规定的农业是大农业的概念。按照国务院行政主管部门的分工，国务院各部委各司其职，因此，《农村土地承包法》第 12 条明确规定国务院农业农村、林业和草原主管部门负责全国农村土地承包及承包合同管理的指导工作。主管农业农村、林业和草原的中央部门，其工作主要是制定方针、政策及相关措施，监督、指导农村土地承包及承包合同的管理。同时，涉及农村土地承包的不仅限于农业农村、林业和草原的主管部门，也涉及中央其他部门。因此，除农业农村、林业和草原的主管部门外，各有关部门虽然不是农村土地承包及承包合同的主要管理部门，但也应当做好与农村土地承包有关的工作。

第二，县级以上地方人民政府农业农村、林业和草原等主管部门及其职责。县级以上地方人民政府农业农村、林业和草原等主管部门的设置与国务院有所不同。如有的地方农业行政主管部门与牧业行政主管部门是分开设置的，主管农村土地承包的部门有农业局、林业局、畜牧局、水产局等。所以《农村土地承包法》第 12 条第 2 款表述为“县级以上地方人民政府农业农村、林业和草原等主管部门”负责本行政区域内农村土地承包及承包合同的管理工作。这样表述更符合实际情况。同级各部门以及上下各级部门各有分工。一般来说，下级部门的工作较上级部门更为具体。县级以上地方人民政府有关部门的工作有如下方面：（1）起草、制定有关地方法规、规章。地方法规由地方人大通过。全国大部分省、自治区、直辖市都颁布了土地承包的地方性法规，将国家政策、法律、行政法规具体落实到地方性法规中，以规范地方的土地承包工作。（2）制定统一的合同文本，对土地承包登记造册，确权发证，办理审批、备案等。（3）指导签订土地承包合同、合同的履行以及土地承包经营权的流转等。（4）进行农村集体经济组织建设。（5）进行农业基本建设、兴修水利、平整土地，制定耕地保养长期规划等。（6）建立农业科技、化肥、机械等服务体系，支援农业，为农户服务。（7）建立农村土地承包及承包合同档案。（8）培训土地承包合同管理人员。（9）调解农村土地承包经营纠纷。

第三，乡（镇）人民政府的职责。乡（镇）人民政府负责本行政区域内农村土地承包及承包合同管理工作。乡（镇）人民政府一般不分设职能部门，但有工作分工，一般设土地承包合同管理的专门人员，从事具体指导土地承包合同的签订、履行以及其他合同管理工作，其工作由乡（镇）人民政府负责。同时，前面所讲的中央和县级以上地方人民政府职能部门有关土地承包及承包合同的管理工作大部分都要由乡（镇）人民政府具体落实。

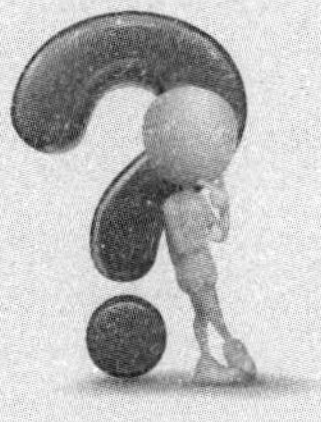

第二章

CHAPTER 2

农村土地承包关系中的权利义务

47. 农村土地的发包主体有哪些?

《农村土地承包法》第13条规定，农民集体所有的土地依法属于村农民集体所有的，由村集体经济组织或者村民委员会发包；已经分别属于村内两个以上农村集体经济组织的农民集体所有的，由村内各该农村集体经济组织或者村民小组发包。村集体经济组织或者村民委员会发包的，不得改变村内各集体经济组织农民集体所有的土地的所有权。国家所有依法由农民集体使用的农村土地，由使用该土地的农村集体经济组织、村民委员会或者村民小组发包。

根据前述法律规定，具体来说农村土地发包主体主要有以下几种类型：

（1）村农民集体所有的农村土地，如果该村有村集体经济组织，就由该村集体经济组织发包；如果没有村集体经济组织，则应由村民委员会发包。这里的“村”指行政村，即设立村民委员会的村，而不是指自然村。农民集体所有的土地，由村集体经济组织或者村民委员会发包。这是因为我国实行农村土地承包经营制度以后，有些村没有集体经济组织，难以完成集体所有土地的发包工作，需要由作为村民自治组织的村民委员会来履行发包土地的职能。因此，如果该村有集体经济组织，就由集体经济组织发包；如果没有集体经济组织，则可以由村民委员会发包。

（2）组农村集体所有的农村土地，如果该组有组农村集体经济组织，就由该组农村集体经济组织发包；如果没有组农村集体经济组织，则应由村民小组发包；如果没有组农村集体经济组织，且村民小组不具备发包的条件或者由其发包不方便的，依法由村集体经济组织或者村民委员会代发包。这里的村民小组是指行政村内由村民组成的组织，它是村民自治共同体内部的一种组织形式，相当于原生产队的层次。《农村土地承包法》第13条规定的“已经分别属于村内两个以上农村集体经济组织的农民集体所有的”土地是指，该土地原先分别属于两个以上的生产队，现在该土地仍然分别属于相当于原生产队的各该农村集体经济组织或者村民小组的农民集体所有。已经分别属于村内两个以上农村集体经济组织的农民集体所有的，由村内各该农村集体经济组织或者村民小组发包，这也是根据谁所有谁发包的原则确定的。目前，有许多村民小组并没有设立集体经济组织，则可以由村民小组发包。

村集体经济组织或者村民委员会发包的，不得改变村内各集体经济组织农民集体所有的土地的所有权。这里的“村内各集体经济组织农民集体所有的土地”，指的是前面提到的“已经分别属于村内两个以上农村集体经济组织的农民集体所有的”土地。按照谁所有谁发包的原则，这类土地应当由村内各该农村集体经济组织或者村民小组发包。但是，许多村民小组也不具备发包的条件，或者由其发包不方便，实践中由村集体经济组织或者村民委员会代为发包。虽然由村集体经济组织或者村民委员会代为发包，但并不能因此改变所有权关系。

（3）国家所有依法由农民集体使用的农村土地，由使用该土地的农村集体经济组织、村民委员会或者村民小组发包。国家所有依法由农民集体使用的农村土地，虽然所有权不属于使用该土地的农民集体，但由于该土地是作为农村土地由农民集体使用从事农业生产的，法律规定也实行承包经营。此类土地由国家发包没有必要，也不现实，因此规定由农村集体经济组织、村民委员会或者村民小组发包。具体由谁发包，应当根据该土地的具体使用情况而定。由村农民集体使用的，由村集体经济组织发包，未设立村集体经济组织的，由村民委员会发包。由村内两个以上集体经济组织的农民集体使用的，由村内各集体经济组织发包，未设立村内各集体经济组织的，由村民小组发包。村内各集体经济组织或者村民小组发包有困难或者不方便的，也可以由村集体经济组织或者村民委员会代为发包。

48. 农村土地的承包主体有哪些？

《农村土地承包法》第16条规定，家庭承包的承包方是本集体经济组织的农户。农户内家庭成员依法平等享有承包土地的各项权益。

农户是农村中以血缘和婚姻关系为基础组成的最基层的社会单位。它既是独立的生产单位，又是独立的生活单位。作为生产单位的农户，一般是依靠家庭成员的劳动进行农业生产与经营活动的。对农村土地实行家庭承包的，农户成为农村集体经济中一个独立的经营层次，是农村中从事生产经营活动的基本单位。

法律规定家庭承包的承包方是本集体经济组织的农户，符合我国农村的实际。首先，从农村土地承包的实际情况来看，承包是以“户”为单位进行。土地承包合同由“户”的代表与发包方签订，土地承包经营权证书是按户制作并颁发。其次，以户为单位可以解决农村无民事行为能力人或者限制民事行为能力人对自己从集体所得土地份额无法与农村集体签订承包合同并无法履行合同的问题，能较好地保护无民事行为能力人或者限制民事行为能力人的土地权益。最后，一方面，农村的传统信用系统建立在家庭信用的基础上，一般认为农户才是交易活动的主体，这一点在农民共同体里很重要。另一方面，发包方或交易相对应的另一方总是希望以家庭（户）为单位，以家庭的财产承担责任，以确保义务的履行。从这个角度讲，以户为承包单位符合我国农村的实际情况，有利于农村经济活动的进行。

需要说明的是：（1）农村集体经济组织的每一个成员都有承包土地的权利，在家庭承包中，是按人人有份的原则分配承包地，按户组成一个生产经营单位作为承包方；（2）强调承包方是本集体经济组织的农户主要是针对农村集体的耕地、草地和林地等适宜家庭承包的土地的承包；（3）农户内的成员分家析产的，有些地方的实际做法是单独成户的成员可以对原家庭（户）承包的土地进行分配。

49. 非本集体经济组织成员的其他单位或个人可以承包农村土地吗？

根据《农村土地承包法》第3章“其他方式的承包”的规定，不宜采取家庭承包方式的荒山、荒沟、荒滩等农村土地可以通过招标、拍卖、公开协商等方式承包给农户，也可承包给单位或个人，这里的单位或个人可以来自本集体经济组织以外。但是需要注意以下两点：

（1）以其他方式承包农村土地，在同等条件下，本集体经济组织成员享有优先承包权（《农村土地承包法》第51条）。

首先，该条仅适用于以其他方式，如招标、拍卖、公开协商等承包的农村土地，具体指农民集体所有和国家所有依法由农民集体使用的土地资源，以荒山、荒沟、荒丘、荒滩等“四荒地”为代表。采取家庭承包方式承包的耕地、林地、草地不适用该条的规定。1996年中央有关文件指出，农村集体经济组织内的农民都有参与治理开发“四荒地”等的权利，本村村民享有优先权，也鼓励和支持有治理开发能力的企事业单位、社会团体及其他组织或个人采取不同方式治理“四荒地”等。

在优先承包权问题上，1999年中央有关文件重申，农村集体经济组织内农民都有参与治理“四荒地”的权利，同时积极支持和鼓励社会单位和个人参与。在同等条件下，本集体经济组织内的农民享有优先权。所谓同等条件，即本集体经济组织内部成员和外部竞包者同时参与取得土地承包经营权的竞争，在两者农业技术力量、资金状况、信誉状况、承包费用等条件相当的情况下，本集体经济组织内部成员优先取得该土地承包经营权。在两者资信、技术等条件有所差异的情况下，当然应采取择优的标准，而绝不是当然地将土地承包给条件处于劣势的本集体经济组织内部成员，否则就违背了招标、拍卖、公开协商所强调的公开性、公正性和程序性的原则。因此，不能简单地认为在以其他方式承包土地的情况下，本集体经济组织内部成员一定享有优先权，这里的优先是以“同等条件”为前提的。在与本集体经济组织外的单位或个人竞争取得土地承包经营权时，只有本集体经济组织内部成员与外部竞争者具有同等的竞争条件，发包方才可将土地优先承包给本集体经济组织内部成员。

（2）以其他方式将农村土地承包给本集体经济组织以外的单位和个人，应遵循一定的发包程序。《农村土地承包法》第52条规定："发包方将农村土地发包给本集体经济组织以外的单位或者个人承包，应当事先经本集体经济组织成员的村民会议三分之二以上成员或者三分之二以上村民代表的同意，并报乡（镇）人民政府批准。由本集体经济组织以外的单位或者个人承包的，应当对承包方的资信情况和经营能力进行审查后，再签订承包合同。"本集体经济组织以外的单位和个人以其他方式承包农村土地的，应当事先经本集体经济组织成员的村民会议2/3以上成员或者2/3以上村民代表的同意。同时，发包方应当对承包方的资信情况和经营能力进行审查后，再签订承包合同。

50. 土地发包方享有哪些权利？

《农村土地承包法》第14条规定了土地发包方享有的权利。这些权利是法定的权利，即使在承包合同中也不得予以限制，如果有限制这些权利的条款，则该条款无效。现将这几项权利分别说明如下：

（1）发包本集体所有的或者国家所有依法由本集体使用的农村土地的权利。这是发包方的发包权，是享有其他权利的前提。发包方可以发包的土地有两类：一类是本集体经济组织农民集体所有的农村土地；另一类是国家所有依法由本集体经济组织使用的农村土地。对于第二类土地发包方虽不是所有人，但也享有法律赋予的发包权。

（2）监督承包方依照承包合同约定的用途合理利用和保护土地的权利。土地是一种宝贵的自然资源，是人类生存和生活的基本生活资料。随着我国人口的增长和经济的发展，土地数量的有限性和土地需求的无限增长性之间的矛盾日益突出。我国是一个人口众多的农业大国，耕地、林地和草地人均面积很少，必须合理利用和保护土地。因此，《农村土地承包法》规定发包人有权监督承包人依照承包合同约定的用途合理利用和保护土地。

（3）制止承包方损害承包地和农业资源的行为的权利。承包方必须合理地利用和保护土地，发包方对损害土地和农业资源的行为必须予以制止。损害土地和农业资源的行为有许多表现，如在耕地上建房、挖土、挖沙、挖石、采矿，在耕地上种果树，将耕地挖成鱼塘，毁坏森林、草原将其开垦成耕地，造成土地沙化、盐渍化、水土流失和污染土地，围湖造田等。对于承包方的这些行为，发包方都有权制止。

（4）法律、行政法规规定的其他权利。这是一项兜底的规定。有关农村集体经济组织、村民委员会以及村民小组对于土地以及其他相关方面的权利，除《农村土地承包法》外，《土地管理法》《森林法》《草原法》等法律以及国务院的行政法规都有涉及，发包人的权利不限于《农村土地承包法》第 14 条明确规定的这几项。

51. 土地发包方承担哪些义务？

发包方不但享有权利，也要承担义务。《农村土地承包法》第 15 条规定的发包方所要承担的义务是法定义务，发包方必须履行，不得减轻或者免除，在承包合同中也不得约定减轻或者免除。如果承包合同中有减轻或者免除其义务的条款，则该条款无效。发包方需承担的几项义务如下：

（1）维护承包方的土地承包经营权，不得非法变更、解除承包合同。国家实行农村土地承包经营制度，这是一项基本制度。农村集体组织成员依法享有的土地承包经营权是通过签订土地承包合同来实现的。因此，发包方有义务维护承包方的土地承包经营权，不得非法变更、解除承包合同。

（2）尊重承包方的生产经营自主权，不得干涉承包方依法进行正常的生产经营活动。由于发包方享有发包权，也有监督和制止承包方损害承包的土地和农业资源的权利，因此，很容易干涉承包方的经营活动。在现实中也经常出现发包方强迫承包土地的农民种植某种作物等情况，因此规定发包方的这项义务是非常必要的。

（3）依照承包合同约定为承包方提供生产、技术、信息等服务。我国实行以家庭经营为基础、统分结合的双层经营体制，“统”的含义，就是要求集体经济组织要做好为农户提供生产、经营、技术等方面的统一服务。由于人均土地较少，承包户一般不需要大型农业机械。随着农村经济的发展，一些农民购置了小型机械，也不依赖村集体。因此现实中自给自足、生产率低下的小农经济仍大量存在。这种状况不利于生产力水平的提高和农村经济的发展。农村基础设施建设、大型机械的采用和科学种田对提升农业经济发展水平是必需的，而且，村集体经济组织也有条件提供此项服务，因此，发包方应履行这一义务。

（4）执行县、乡（镇）土地利用总体规划，组织本集体经济组织内的农业基础设施建设。土地利用总体规划是指在一定区域内，根据国家社会经济可持续发展的要求和当地自然、经济、社会条件，对土地的开发、利用、治理、保护在空间、时间上所作的总体安排。县、乡根据上级土地利用总体规划安排区域内具体的土地利用总体规划。执行这一规划是发包方必须履行的法定义务。农业基础设施建设与土地利用总体规划虽然有关，但又是一个相对独立的问题。农业基础设施建设不仅包括农田水利建设，如防洪、防涝、引水、灌溉等设施建设，也包括农产品流通重点设施建设，商品粮棉生产基地、用材林生产基地和防护林建设，还包括农业教育、科研、技术推广和气象基础设施建设等。农业基础设施建设对于农业的发展意义重大，也是“统一经营”的重要内容之一，并且与承包方有密切关系，农村集体经济组织有义务组织本集体经济组织内的农业基础设施建设。

（5）法律、行政法规规定的其他义务。这是一项兜底的规定。有关发包方对于土地承包经营以及其他相关方面的义务，除《农村土地承包法》外,《农业法》《土地管理法》《森林法》《草原法》等法律以及国务院的行政法规都有涉及。

除此之外，发包方还应承担以下义务：交付土地以及森林、山岭、草原、荒地、滩涂、水面给承包人，提供集体组织的农林设施给承包人使用，不得随意干涉承包人的生产经营活动。发包人在承包期内不得调整承包地。因自然灾害严重毁损承包地等特殊情形，需要适当调整承包的耕地和草地的，应当依照《农村土地承包法》等法律规定办理。发包人在承包期内不得收回承包地等。

52. 土地承包方享有哪些权利？

《农村土地承包法》第 17 条规定了承包方享有的基本权利。

这些权利是法定权利，即使在承包合同中没有约定，承包方也依法享有这些权利。任何组织和个人侵害承包方权利的，都要依法承担相应的法律责任。

概括起来，土地承包方享有的主要是5个方面的权利：

（1）土地承包权，即以占有土地为基本内容的权利。土地承包权的获得有两种方式：一是农村集体经济组织的成员依法获得，即农村集体经济组织的成员以家庭为单位，按照成员家庭所占份额和成员集体意志依法获得的权利；二是农村集体经济组织以外的单位或个人依约定获得，即在农村集体经济组织的成员放弃承包并经2/3以上的成员同意的前提下，基于单位或个人的请求依照约定获得的权利。农村土地承包经营权设立的目的，在于让承包人在集体的土地上进行耕作、养殖或者畜牧。因此，承包人在不改变土地用途的前提下，有权对其承包的土地进行合理且有效地使用，并有权获取土地的收益。至于从事农业生产的方式、种类等均由承包人自行决定，其他任何第三人都无权进行干涉。对承包土地的使用不仅表现为进行传统意义上的耕作、种植等，对于因进行农业生产而修建的必要的附属设施，如建造沟渠、修建水井等构筑物，也应是对承包土地的使用。所修建的附属设施的所有权应当归承包人享有。

（2）自主经营收益权。收益权就是承包方有获取承包地上产生的收益的权利，这种收益主要是从承包地上种植的农作物以及养殖畜牧中所获得的利益。例如，果树产生的果实，粮田里产出的粮食。无论是从土地利用效率的角度，还是从生存保障的角度，承包方对承包地享有的收益权都是农村集体土地家庭承包制度的重要内容。这些权益包括：第一，土地自主经营权，即以自主使用土地为基本内容的权利。土地自主经营权是以土地承包权为存在前提的，依照法律或者约定取得土地承包权，也就自然享有土地自主经营权。第二，土地收益权，即以收取约定的土地天然孳息和法定孳息为基本内容的权利。承包方通过自主经营或者将土地转让、入股而取得经营收益。自主经营收益权是承包方享有的基础性权利。它使承包方摆脱了集体对生产的控制，极大地调动了承包方的积极性。由于农民享有生产经营自主决策权，发包方强制农民种植所谓新品种的做法就是违法的。自主组织生产经营是指农户可以在法律规定的范围内决定如何在土地上进行生产经营，如选择种植的时间、品种等；产品处置权是指农户可以自由决定农产品是否卖出，如何卖出，卖给谁等。发包方和相关的行政管理部门可以对农户的生产提供指导性的建议或者提供各种生产、技术、信息等方面的服务，但应当尊重承包方的生产经营自主权，不得干涉承包方依法进行正常的生产经营活动，不得违背农民意愿强制农户种植某种作物。在一些地方还存在发包方和行政部门用行政命令干涉农民的生产经营自主权的现象，这种行为与法律和国家政策是相违背的，必须予以纠正。

（3）对土地承包经营权的处分权。承包方享有流转土地承包经营权的权利，承包方有权依法自主决定土地承包经营权是否流转以及流转的方式。通过家庭承包取得的承包经营权可以依法采取转包、出租、互换、互让、转让和其他方式流转。通过其他方式承包农村土地的，其土地承包经营权可以依法采取转让、出租、入股、抵押或者其他方式流转。对土地承包经营权依法进行流转是承包方对承包地权利的一个重要体现，这有利于农村经济结构的调整，也有利于维护农村土地承包关系的长期稳定。《农村土地承包法》和国家政策明确规定，国家保护承包方依法、自愿、有偿地进行土地经营权的流转。任何组织或个人不得强迫或者阻碍承包方进行土地承包经营权的流转。在承包期内，发包方不得单方面解除承包合同，或者假借少数服从多数，强迫承包方放弃或者变更土地承包经营权而进行土地承包经营权流转，不得以划分“口粮田”和“责任田”等为由收回承包地搞招标承包，不得将承包地收回抵顶欠款。土地承包经营权流转的收益归承包方所有，任何单位和个人不得擅自截留、扣缴。同时，承包方进行土地承包经营权的流转必须依法进行，根据《农村土地承包法》的规定，土地承包经营权的流转不得改变土地所有权的性质和土地的农业用途；流转的期限不得超过承包期的剩余期限；土地承包经营权流转的受让方须有农业经营能力。

（4）承包地被依法征收、征用、占用的，承包方有权依法获得相应的补偿。承包方对承包的土地依法享有在承包期内占用、使用、收益等权利，但这些权利的行使也受到法律的某些限制。我国《宪法》规定，国家为了公共利益的需要，可以依法对集体所有的土地实行征收或征用。也就是说，在一定条件下，农户承包的集体所有的土地可以被依法征收或征用。征收是国家为了保证社会公共事业或者公益事业的发展，体现全社会的长远利益，将集体所有的土地转化为国有。为了保护承包方的合法权益，不得滥用土地征用权，必须依照法定的条件和程序进行。承包地被依法征收、征用、占用的，承包方有权依法获得相应的补偿。根据《土地管理法》的规定，征地补偿应当按照被征收土地的原用途确定补偿标准和补偿数额。原来的土地是耕地的，按耕地的标准补偿；原来是林地的，按林地的标准补偿；原来是草地的，按草地的标准补偿。对于补偿范围，《土地管理法》规定，征收耕地的补偿费用应当包括土地补偿费、安置补助费以及地上附着物和青苗的补偿费。土地补偿费是给予土地所有者和承包人因投入而造成损失的补偿，应当归土地所有者和承包人所有；安置补助费是用于被征地的承包人的生活安置；地上附着物和青苗的补偿费归地上附着物、青苗的所有者（即承包人）所有。土地被征收、征用、占用的，承包方有权获得征收、征用、占用土地的补偿费。任何组织和个人不得非法截留、占用、滥用承包方应得的补偿费。

（5）法律、行政法规规定的其他权利。结合前述法律规定，具体说来其他权利主要有：承包人有权从集体组织取得一定数量、质量、位置的土地以及森林、山岭、草原、荒地、滩涂、水面，这是承包人进行生产经营活动的前提。承包人承包土地以后，仍有权按集体组织规定的制度使用集体组织所有的农林设施，如灌溉设施、农机具等。

53. 土地承包方承担哪些义务？

《农村土地承包法》第18条规定，承包方承担下列义务：

（1）维持土地用途，未经依法批准不得用于非农建设。承包方有义务维持土地的农业用途，不得用于非农建设。承包方违法将承包地用于非农建设的，由县级以上地方人民政府有关行政主管部门依法给予处罚。农用地是农民最基本的生产资料。我国是一个人口众多的农业大国，但是人均农用地数量少，农用地的后备资源严重不足，如果将土地不加限制地用于非农建设，将会妨碍我国农业的发展。特别是在我国广大农民还没有其他社会生活保障，土地是其赖以生存的基础的情况下，应当给予农用地特殊保护。为稳固农业基础，保障农民的基本生活，必须确保农用地的农业用途，这是由我国的基本国情决定的。基于此，《农村土地承包法》明确规定，承包方应当维持土地的农业用途，未经依法批准不得用于非农建设。这里的“农业用途”是指将土地直接用于农业生产，从事种植业、林业、畜牧业、渔业生产。“非农建设”是指将土地用于农业生产目的以外的建设活动，如在土地上建造房屋、建造工厂等。需要强调的是，要求承包方维护土地的农业用途，不得用于非农建设，并不是对承包方土地承包经营权的不合理限制。承包方在农业用途的范围内可以自由决定种什么，怎么种，如承包方可以在承包土地上种植蔬菜、粮食，还可以种植其他经济作物。

（2）依法保护和合理利用土地，不得给土地造成永久性损害。承包方给承包地造成永久性损害的，发包方有权制止，并有权要求承包方赔偿由此造成的损失。土地是人类赖以生存和进行物质生产不可替代的自然资源，其数量是有限的，自然资源受到破坏就等于人类生存的基础受到破坏。从这个意义上讲，土地也是一种社会资源。对于土地资源的利用不仅是权利人——承包方对自己权利的行使，还关系到其他社会成员生存的权利，关系到我们的子孙后代生存的权利。土地资源在我国极其珍贵，土地的使用人应当珍惜被利用的土地，不得干杀鸡取卵、竭泽而渔的事情。保护和合理地利用土地，是关系国计民生，关系国家发展全局的大事，是我国的基本国策。依法保护土地，是指作为土地使用人的承包方对土地生产能力进行保护，保证土地生态环境的良好性能和质量。合理利用土地是指承包方在使用土地的过程中，通过科学使用土地，使得土地的利用与其自然的、社会的特性相适应，充分发挥土地要素在生产活动中的作用，以获得最佳的经济、生产、生态的综合效益。具体地讲，要做到保护耕地、保护土地生态环境、提高土地利用率、防止水土流失和盐碱化。为达到此目的，承包方应当采取有效的整治和管理土地的措施。同时，承包方不得给土地造成永久性损害。“永久性损害”是指使土地不再具有生产能力、不能再被利用的损害，如在土地上过度使用化肥或向土地长期排污，使土地不能被利用等。

（3）法律、行政法规规定的其他义务。具体来说，其他义务有：第一，妥善使用承包的土地以及森林、山岭、草原、荒地、滩涂、水面。这不仅要求承包方不得在承包土地上盖房、建窑、建坟，不准进行掠夺性经营，而且还要求承包方根据土地的条件，合理使用、保存、改良土地，提高地力。第二，承包方应依承包合同规定的数额向集体组织交付承包土地或森林、山岭、草原、荒地、滩涂、水面的收益。第三，承包方应独立承担风险。承包方承包土地以后，独立进行生产经营活动，除发生不可抗力的情况，承包方承担的交付约定数额的承包收益的义务可以减免外，对于在生产经营中的其他各种风险一概由承包方承担。

（4）承包方应当接受集体组织对其生产经营活动的合法监督、干涉。如承包方连续两年弃耕抛荒的，发包方有权终止承包合同，收回发包的耕地。

值得一提的是承包方有维持地力的义务。维持地力是承包方应履行的一项必然的义务。现在国家明文提倡“增人不增地，减人不减地”，《土地管理法》也明确了农民集体经济组织成员对集体土地的承包经营期限为30年，在延长土地承包期限的前提下，如果某一生产者试图将农地资源的使用保持在一个可持续的水平上，而其他生产者则以掠夺的方式过度使用农地资源，那么这个自律者以可持续方式使用农地资源，使土壤肥力提高的好处就会被别的生产者所占有，同时，他还要承受其他生产者以掠夺方式使用农地资源所带来的损失。

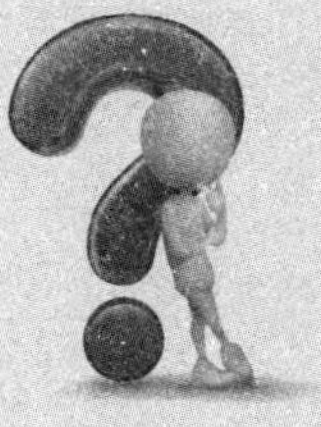

第三章

CHAPTER 3

农村土地承包的原则和程序

54. 农村土地承包的基本原则是什么？

《农村土地承包法》第7条规定，农村土地承包应当坚持公开、公平、公正的原则，正确处理国家、集体、个人三者的利益关系。这是关于农村土地承包的基本原则的规定。根据该条规定，“公开、公平、公正”是农村土地承包中必须遵循的一项基本原则。违反了这一基本原则，农民承包土地的权益就会受到侵犯，破坏农村土地承包经营制度的贯彻实施。

在农村土地承包中，“公开”是指以下几个方面：

（1）进行承包活动的信息要公开。在按照规定进行土地承包时，发包方应当及时公布土地承包的有关信息，让本集体经济组织成员或者其他承包方知晓土地承包的基本情况。根据具体情况可以采取不同的公开形式，如张贴公告、有线广播或者召开村民会议。公开有关承包活动的信息包括：向村民宣传、介绍有关土地承包的法律、法规和国家政策，让村民了解进行土地承包的基本精神等；公布拟发包土地的名称、位置、面积、质量等级等。公开有关信息时要做到透明、及时、准确。

（2）进行承包的程序要公开。承包程序的公开主要有以下几个方面：由本集体经济组织成员的村民会议选举产生承包工作小组；由承包工作小组依照法律、法规的规定拟订承包方案并向本集体经济组织全体成员公布；依法召开村民会议，讨论通过承包方案。

（3）承包方案和承包结果公开。承包方案经过村民会议讨论通过后，应当及时公布，同时公开组织实施承包方案，确定每户及每个集体经济组织成员承包的土地的具体名称、位置、面积、质量等级等。发包方和承包方应当签订书面承包合同，确定各自的权利和义务。承包方自承包合同生效时取得土地承包经营权。县级以上人民政府应当向承包方颁发土地承包经营证或者林权证，并登记造册，确认土地承包经营权。

所谓“公平”主要是指本集体经济组织成员依法平等地享有、行使承包本集体经济组织土地的权利。在确定承包方案时，应当民主协商，公平合理地确定发包方、承包方的权利及义务。尤其是发包方不得滥用权力，在承包合同中不得对承包方的权利进行不合理的限制、干涉承包方的生产经营自主权，或者通过承包合同给承包方增加不合理的负担。

所谓“公正”主要是指在承包过程中，要严格按照法定的条件和程序办事，平等地对待每一个承包方，不得暗箱操作，也不得厚此薄彼，亲疏有别。如在确定承包方案时，首先由本集体经济组织成员选举产生承包工作小组，承包工作小组依照法律、法规拟定并公布承包方案，然后召开村民会议，讨论通过承包方案。对承包方来说，应当以正当的手段参加承包活动，不得通过行贿或者亲属关系来获得有利的承包条件。

在土地承包过程中，还要注意处理好国家、集体、个人三者的利益关系。例如，根据实际情况，确定既有利于国家、集体，又符合承包方利益的承包费等。又如，在农村土地经营中，要合理开发利用土地资源，既要提高生产力，又要防止掠夺性开发，以保持土地的可持续利用。

55. 农村土地承包的具体原则是什么？

《农村土地承包法》第 19 条规定，土地承包应当遵循以下具体原则：

（1）按照规定统一组织承包时，本集体经济组织成员依法平等地行使承包土地的权利，也可以自愿放弃承包土地的权利。《宪法》第 10 条、《土地管理法》第 9 条都明确规定，农村和城市郊区的土地，除由法律规定属于国家所有的以外，属于农民集体所有。因此，只要是农村集体经济组织中的成员，其对集体土地都享有一定的权益，都有权依法承包由农村集体经济组织发包的土地。任何组织和个人不得剥夺或者非法限制农村集体经济组织成员承包土地的权利。这是土地承包中应当遵循的重要原则。因此《农村土地承包法》规定，按照规定统一组织承包时，本集体经济组织成员依法平等地行使承包土地的权利。这里的“平等”主要体现在两个方面：一是本集体经济组织的成员都平等地享有承包本集体经济组织土地的权利，无论男女老少、体弱病残。二是本集体经济组织成员在承包过程中都平等地行使承包本集体经济组织土地的权利，发包方应当平等地对待每一个本集体经济组织成员的承包权。这主要体现为在承包过程中，发包方不能厚此薄彼、亲疏有别，不能对本集体经济组织成员实行差别对待。例如，不得亲疏有别地将肥力好的土地分给一部分集体经济组织成员，而将土质差、肥力低的土地分给另一部分集体经济组织成员。本集体经济组织成员对土地承包的权利一方面体现在依法平等地享有和行使承包土地的权利；另一方面体现在自愿放弃承包土地的权利。本集体经济组织的成员作为土地承包的权利人，有权依法自由处置自己的权利。但需强调的是，本集体经济组织成员放弃承包土地的权利必须是基于自愿，任何单位和个人不得强迫农村集体经济组织的成员放弃承包土地的权利。强调这一点，是因为在现实中有的发包方或某些行政部门强迫集体经济组织成员放弃承包土地的权利，或者承包后强行收回集体经济组织成员承包地，这些都严重侵害了农民的合法权益。

（2）民主协商，公平合理。土地是广大农民安身立命的根本，对涉及农民土地权益的承包方案的拟订等重大事宜应当极其慎重和尊重农户权益。因此，本法强调应当本着民主协商、公平合理的态度进行土地承包。“民主协商”要求在集思广益的基础上完成承包，发包方在发包过程中应当与作为承包方的本集体经济组织成员进行民主协商，应当充分听取和征求本集体经济组织成员的意见，不得搞“暗箱操作”，不得搞“一言堂”强迫本集体经济组织成员接受承包方案。“公平合理”要求本集体经济组织成员之间所承包的土地在土质的好坏、与居住地距离的远近、与水源的远近等方面不能有太大的差别。即使有差别，也应当在合理的范围内。

（3）承包方案应当依法经本集体经济组织成员的村民会议2/3以上成员或者2/3以上村民代表的同意。村民自治是基层农村最直接的民主形式，其基本内容是，凡是关系到村民利益的事项，由群众自己当家，自己做主。村民的土地承包经营方案是涉及村民切身利益的重大事项，应当由村民会议决定。《村民委员会组织法》第24条规定，土地承包经营方案必须经村民会议讨论决定。为了在土地承包过程中体现村民自治的基本原则，体现大多数本集体经济组织成员的意志，《农村土地承包法》确立了“承包方案应当按照本法第十三条的规定，依法经本集体经济组织成员的村民会议三分之二以上成员或者三分之二以上村民代表的同意”的承包原则。这里需要注意的是本项中的“本集体经济组织”的范围应当与《农村土地承包法》

第13条的规定相一致：农民集体所有的土地依法属于村农民集体所有的，由村集体经济组织或者村民委员会发包；已经分别属于村内两个以上农村集体经济组织的农民集体所有的，由村内各该农村集体经济组织或者村民小组发包。村集体经济组织或者村民委员会发包的，不得改变村内各集体经济组织农民集体所有的土地的所有权。国家所有依法由农民集体使用的农村土地，由使用该土地的农村集体经济组织、村民委员会或者村民小组发包。

（4）承包程序合法。承包程序应当符合法律的规定，违反法律规定的承包程序进行的承包是无效的。根据《农村土地承包法》第20条的规定，土地承包应当按照以下程序进行：第一，本集体经济组织成员的村民会议选举产生承包工作小组；第二，承包工作小组依照法律、行政法规的规定拟订并公布承包方案；第三，依法召开本集体经济组织成员的村民会议，讨论通过承包方案；第四，公开组织实施承包方案；第五，签订承包合同。

需要强调的是，在土地承包中除应当遵循上述几项具体原则外，还应当遵循《农村土地承包法》规定的土地承包的基本原则。《农村土地承包法》第7条规定，农村土地承包应当坚持公开、公平、公正的原则，正确处理国家、集体、个人三者的利益关系。

56. 土地承包应当按照什么程序进行?

根据《农村土地承包法》第20条的规定，土地承包应当依照以下程序进行：

（1）本集体经济组织成员的村民会议选举产生承包工作小组。这是进行土地承包的第一步。之所以强调承包工作小组应当由本集体经济组织成员选举产生，主要是基于两点考虑：一是选举产生单独的承包工作小组反映了本集体经济组织成员的意志，可以保证承包过程的公平合理；二是承包工作是一项比较复杂繁重的工作，它涉及土地的丈量、统计、承包方案的拟定等一系列事项，这些都需要由单独的工作小组来进行。

（2）承包工作小组依照法律、法规的规定拟订并公布承包方案。这一阶段在承包工作中至关重要，因为承包方案的好坏直接关系到承包工作能否顺利进行，直接关系到农民的土地权益能否得到完全实现。承包工作小组应当对本集体经济组织的土地状况进行认真调查研究，对本集体经济组织的成员构成情况进行充分了解等，在此基础上拟订承包方案。拟订方案过程中应当遵循民主协商、集体讨论的原则，承包方案的内容应当公平合理并照顾到本集体经济组织的实际情况。需要强调的是，承包工作小组应当依照法律、行政法规的规定拟订承包方案。

例如，根据《农村土地承包法》规定，拟订的承包方案不得剥夺或非法限制本集体经济组织成员的土地承包经营权，不得歧视妇女。又如，根据《土地管理法》的规定，拟订的承包方案不得违反该法有关耕地保护和土地利用总体规划的规定。承包工作小组在完成承包方案后，应当向本集体经济组织成员公布此方案，征求本集体经济组织成员的意见。

（3）依法召开村民会议，讨论通过承包方案。承包工作小组确定承包方案后，应当立即依法召开本集体经济组织成员的村民会议，由村民会议讨论通过承包方案。这一程序实质上体现了村民自治的精神。根据《农村土地承包法》的规定，承包方案必须由本集体经济组织的村民会议 2/3 以上的成员或者 2/3 以上村民代表同意，否则该承包方案无效。

（4）公开组织实施承包方案。这一阶段可以说是承包过程中最难的，因为这一阶段直接关系到承包方案的内容能否落到实处。在这一过程中，要对本集体经济组织内哪些土地适合家庭承包进行划分，要在对土地的好坏、与居民点的远近、本集体经济组织的人员状况等因素进行全盘考虑的基础上进行土地划块、标界等工作。承包方案的组织实施应当公开进行，不得由村民委员会或村集体经济组织私自进行或搞“暗箱操作”。

（5）签订承包合同。这是土地承包的最后一阶段。在这一阶段，发包方与承包方应当依照公开组织实施的承包方案和相关法律、行政法规的规定签订承包合同。在签订承包合同过程中，发包方与承包方的地位是平等的，发包方不得拒绝与承包方签订合同，也不得利用自己的优势地位强迫承包方接受一些不公平的条款，如不得通过合同剥夺承包方解除合同的权利或增加承包方的费用负担。在实践中，土地的家庭承包合同一般是格式合同，合同的条款大多由农村土地家庭承包合同的监管部门制定。使用这种合同在一定程度上会减少交易成本、提高交易效率，并且能弥补承包方和发包方法律意识差、文化水平低的问题。

57. 国家对于土地承包期的规定是怎样的？

承包期限是指农村土地承包经营权存续的期限，在这个期限内，承包方享有土地承包经营权，依照法律的规定和合同的约定行使权利、承担义务。承包期限是土地承包制度的一项重要内容，它关系到农民是否可以得到长期而有保障的土地使用权，关系到以家庭承包经营为基础、统分结合的双层经营体制的稳定和完善，关系到农业、农村经济发展和农村社会稳定。我国对土地实行用途管理制度。《土地管理法》按照土地的用途，将土地划分为农用地、建设用地和未利用地，其中的农用地又包括耕地、林地、草地、农田水利用地和养殖水面等。

《农村土地承包法》第21条规定："耕地的承包期为三十年。草地的承包期为三十年至五十年。林地的承包期为三十年至七十年。前款规定的耕地承包期届满后再延长三十年，草地、林地承包期届满后依照前款规定相应延长。"

耕地是指种植农作物的土地，包括灌溉水田、望天田（又称天水田）、水浇地、旱地和菜地。土地承包期限的长短，应考虑到我国农村的实际情况，根据农业生产经营的特点，农业经济的发展趋势以及当前的农业承包经营政策等因素确定。期限太短，不利于土地承包经营权的稳定和农业的发展；期限太长，则不利于对土地利用方式的适当调整以及有关利益的协调。

草地是指以生长草本植物为主，用于畜牧业的土地，包括天然草地、改良草地和人工草地。林地是指生长乔木、竹类、灌木、沿海红树林的土地，包括林地、灌木林地、疏林地、未成林造林地以及迹地和苗圃等。同耕地相比，草地和林地有其特殊性。以林地为例，林地上一般生长着多年生的乔木、竹类、灌木等，而耕地主要是用于种植农作物，一般是一年一熟或者两熟，有的是三熟，很少种植多年生植物。从事林业开发投资大，林木生长期、收益期长，风险也比较大。例如，榉木、水青冈、红豆杉、柚木的采伐或经营期限至少在50~60年。再如我国特有的银杏树，其木材、果实、叶子等均有较高的经济价值，但生长极为缓慢，所以又称"公孙树"，形容祖辈种树但到孙辈才结果实。目前我国的很多寺庙中都生长着千年以上的银杏树。浙江东阳地区种植的香榧树，15年开始结果，100年才进入丰产期，并可延续四五百年，有的可达上千年。另外，我国对森林实行限额采伐制度，林地上种植的林木不能任意采伐，采伐必须申请采伐许可证并按照要求完成更新造林任务。因此，林地承包方的生产经营和处置产品的权利受到较多限制。

综上，之所以做出这种区分，主要是考虑到不同性质土地的投资收益期限差别较大。一般来说，在耕地上进行投资见效比较快，大多数情况下，当年投入当年就能取得收益。草地的投资需要数年时间才能取得收入，而且一般能够持续多年获得收益。林地的投资回报期限更长，通常需要数年才能取得收益，有的林木的生长期长达七八十年，在幼树成长阶段基本没有收益，因此必须规定更长的承包期，才能更好地保护承包方的收益权，调动承包方植树造林的积极性。

58. 农民进城落户后，原承包的土地怎么处理？

《农村土地承包法》第27条规定，承包期内，发包方不得收回承包地。国家保护进城农户的土地承包经营权。不得以退出土地承包经营权作为农户进城落户的条件。承包期内，承包农户进城落户的，引导支持其按照自愿有偿原则依法在本集体经济组织内转让土地承包经营权或者将承包地交回发包方，也可以鼓励其流转土地经营权。承包期内，承包方交回承包地或者发包方依法收回承包地时，承包方对其在承包地上投入而提高土地生产能力的，有权获得相应的补偿。

由此可以得知，在承包期内，农民打算进城落户的，可以自己选择如何处置自家的承包地：第一，不想种地的，可以按照自愿有偿原则将承包地经营权转让给本村其他村民；第二，把自己的承包地交给村集体；第三，农民不愿意退出承包或交出土地的，可以自己选择流转土地经营权，收取租金。这样一来，进城落户的农民再也无后顾之忧，土地权益也得到了更好的保障，农民既可以放心外出打工，又可以通过入股和流转的方式增加自己的收入。

需要说明的是，承包方交回的承包地仅指耕地和草地，并不包括林地，这是因为林地的承包经营与耕地、草地的承包经营相比有其特殊性。林业生产经营周期和承包期比较长，投入大，收益慢，风险大。稳定林地承包经营权，有利于调动承包方植树造林的积极性，防止乱砍滥伐，保护生态环境。因此，对林地承包经营权应当按照承包方的意愿，保留其林地承包经营权或者允许其依法进行林地承包经营权流转。

我国的社会保障制度还不够健全和完善，特别是在小城镇，由于各地的社会经济发展不平衡，大部分地区经济还比较落后，许多小城镇还没有落实城市居民最低生活保障等社会保障制度。在这种情况下，进入小城镇落户的农民一旦失去非农职业或者生活来源，那么他在农村享有的土地承包经营权仍将是其基本的生活保障。

59. 哪些土地可以用于调整承包土地或承包给新增人口?

《农村土地承包法》第 29 条规定，下列土地应当用于调整承包土地或者承包给新增人口：

（1）集体经济组织依法预留的机动地。机动地是发包方在发包土地时，预先留出的不作为承包地的少量土地，用于解决承包期内的人地矛盾问题，如在承包期内，本村有嫁入妇女的，或者部分农户因自然灾害丧失承包地的，就可以将机动地承包给这些人。预留的机动地由集体经济组织管理，或由集体暂时统一经营，或短期承包给某些农户。预留机动地曾是农村土地承包中的灵活做法，一旦发生人地矛盾，可以用机动地来解决，不必进行土地调整，既解决了无地农民的土地问题，也有利于保持土地承包关系的稳定。但预留的机动地不宜过多，预留过多，就会减少农民承包地的数量，损害农民的权益。在实践中，一些地方的乡、村为了增加集体收入，随意扩大机动地的比例，将预留的机动地以招标、拍卖、协商等方式承包出去，以此获取利益，侵害了农民的土地承包经营权，损害了农民的利益。因此，对预留机动地必须严格控制。目前尚未留有机动地的地方，原则上都不应留机动地。今后解决人地关系的矛盾，可按“大稳定、小调整”的原则在农户之间进行个别调整。根据《农村土地承包法》第67条的规定，目前已留有机动地的地方，必须将机动地严格控制在耕地总面积5%的限额之内，并严格用于解决人地矛盾。

（2）通过依法开垦等方式增加的土地。这类土地主要指通过开垦未利用地，如开垦荒地而增加的土地。开垦未利用地应当依法进行，特别是在整个社会环境意识日益增强的今天，特别应当加强对生态环境的保护，禁止乱开荒。关于如何开垦土地的问题，有关法律作了明确的规定，如《土地管理法》第40条规定：“开垦未利用的土地，必须经过科学论证和评估，在土地利用总体规划划定的可开垦的区域内，经依法批准后进行。禁止毁坏森林、草原开垦耕地，禁止围湖造田和侵占江河滩地。根据土地利用总体规划，对破坏生态环境开垦、围垦的土地，有计划有步骤地退耕还林、还牧、还湖。”《水土保持法》第20条规定：“禁止在二十五度以上陡坡地开垦种植农作物。在二十五度以上陡坡地种植经济林的，应当科学选择树种，合理确定规模，采取水土保持措施，防止造成水土流失。省、自治区、直辖市根据本行政区域的实际情况，可以规定小于二十五度的禁止开垦坡度。禁止开垦的陡坡地的范围由当地县级人民政府划定并公告。”第 21 条规定：“禁止毁林、毁草开垦和采集发菜……”第 23 条第 2 款规定：“在禁止开垦坡度以下、五度以上的荒坡地开垦种植农作物，应当采取水土保持措施。具体办法由省、自治区、直辖市根据本行政区域的实际情况规定。”按照以上规定通过开垦等方式增加的土地，应当用于调整承包土地或者承包给新增人口，以解决人地矛盾的问题。

（3）发包方依法收回和承包方依法、自愿交回的土地。承包方依法交回的土地，主要指承包方依照《农村土地承包法》的规定交回的土地，即在承包期内，承包方全家迁入设区的市，转为非农业户口，将承包的耕地和草地交回发包方的情况。承包方自愿交回的土地，主要指承包方依照《农村土地承包法》的规定交回的土地，即在承包期内，承包方因在农村从事非农产业、进城务工等原因，不愿继续耕种土地，自愿将承包地交回发包方的情况。承包方依法、自愿交回的土地，也应当用于调整承包土地或者承包给新增人口。

根据法律规定，在因自然灾害严重毁损承包地等特殊情形需要调整土地时，应当将这些土地用于调整承包地；在因出生、婚嫁、户口迁移等原因新增人口时，应当将这些土地承包给新增人口。之所以这样规定，是考虑到在目前我国农村人多地少，土地是农民赖以生存的基本生活保障的情况下，将集体预留的机动地、经开垦等增加的土地和发包方收回、承包方交回的土地用于调整承包土地或者承包给新增人口，既有利于保持已有承包关系的长期稳定，也有利于解决无地少地农民的土地问题，符合广大农民的根本利益。因此，发包方应当将这些土地首先用于调整承包地或者承包给新增人口，不得随意将这些土地以招标、拍卖、公开协商等方式承包出去。只有在没有该条规定的土地时，才可以对个别农户承包的耕地和草地进行调整。而在集体有新增人口但未达到人地矛盾突出的程度时，虽然不能对个别农户承包的耕地和草地进行小调整，但可以通过将本条规定的机动地等土地承包给新增人口的方式解决。

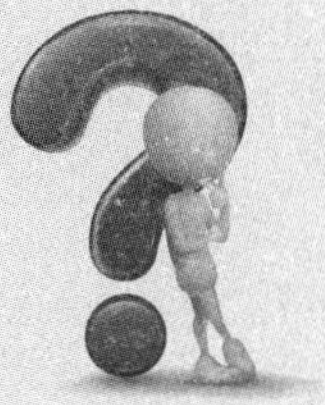

第四章

CHAPTER 4

农村土地承包合同

60. 什么是农村土地承包合同？

农村土地承包合同，又称农业承包合同，是指农村集体经济组织作为发包方，与承包方之间就集体经济组织享有所有权或使用权的土地、山岭、荒地、滩涂等自然资源签订的承包经营合同。

按照承包土地种类的不同，农村土地承包合同可以区分为耕地承包合同、草地承包合同、林地承包合同。这种分类的意义在于，不同种类的土地，法定的承包期限长短不一。对不同性质土地的投资，收益的周期差别也比较大。按照《农村土地承包法》第 21 条的规定，耕地的承包期限为 30 年，草地的承包期限为 30 ~ 50 年，林地的承包期限为 30 ~ 70 年；耕地承包期届满后再延长 30 年，草地、林地承包期届满后依照规定相应延长。

签订农村土地承包合同需要注意以下事项：（1）承包方代表姓名要与身份证上的一致；（2）承包土地人口为农户现有人口；（3）土地承包经营权共有人与承包方代表关系要明确说明；（4）承包期限起始日期为签订合同的现时日期；（5）承包方签章应由承包方加盖私章或者签名并按手印确认；（6）承包土地地块

情况的长、宽可以不填，但是地块面积一定要填，地块“田界”必须准确具体，台账登记不准确具体的应根据实际情况作出修订；（7）地块地类只分为水田、旱地两类；（8）承包地附着物情况不能漏填、错填，并且需要根据实际情况填写。

61. 农村土地承包合同的特征有哪些？

农村土地承包合同为民事合同之一，它具有如下法律特征：

（1）主体的特定性。农村土地承包合同的发包人只能是农村集体经济组织，包括村内各农村集体经济组织或者村民小组、村经济组织或者村民委员会、乡（镇）农村集体经济组织等。

（2）客体的特殊性。农村土地承包合同的客体是集体所有或国家所有依法由集体使用的农村土地的使用权。《农村土地承包法》第2条规定的农民集体所有和国家所有依法由农民集体使用的耕地、林地、草地以及其他依法用于农业的土地是农村土地使用权的载体。

（3）期限具有长期性。农村土地承包合同的客体为农村土地，而土地的生产、开发周期都很长，故农村土地承包合同的期限一般也较长。

（4）承包人依法取得的承包经营权受法律保护。根据物权法定原则，《农村土地承包法》对承包地的取得、交回、调整、补偿、合同权利义务等内容作了专门规定，不能因合同等其他因素的改变而改变。

（5）形式的特定性。《农村土地承包法》明确规定发包方应当与承包方签订书面合同，因此，与其他民事合同形式上的多样性不同，农村土地承包合同在形式上具有特定性。

62. 农村土地承包合同的主要条款有哪些？

合同的条款就是合同的内容。双方的权利和义务，除了法律规定的以外，主要由合同条款加以确定。合同条款是否齐备、准确，决定了合同能否成立、生效以及能否顺利履行，是非常重要的。主要条款的规定也只具有提示性与示范性，提倡当事人尽量对合同的这些条款作出明确的约定，以免日后产生纠纷。但并不是说当事人签订的合同中缺少了其中任何一项都会导致合同的不成立或者无效。因此，相关法律规定在行文上用的是"一般包括"的提法。当事人可以根据合同的性质和其他情况，自愿确定合同的内容，可以不限于这些条款。《民法典》合同编规定的合同的主要条款包括：当事人的名称或者姓名和住所，标的，数量，质量，价款或者报酬，履行期限、地点和方式，违约责任，解决争议的方法。这些只是一般合同应当具备的条款，但不同的合同，由于类型与性质不同，其主要条款或者必备条款可以是不同的。《农村土地承包法》第22条根据农村土地承包合同的性质和特点对其主要条款作出了规定，以便对土地承包合同的订立起指导和规范的作用。现将承包合同主要条款的内容分述如下：

（1）发包方、承包方的名称，发包方负责人和承包方代表的姓名、住所。这是土地承包合同必须具备的条款。当事人是合同的主体，如果不写明当事人，就无法确定权利的享有者和义务的承担者，发生纠纷也难以解决。因此，要将发包方和承包方的名称或者姓名、住所都写清楚。对于发包方和承包方分别是谁，《农村土地承包法》第13条和第16条已分别作出了规定。

（2）承包土地的名称、坐落、面积、质量等级。这是土地承包合同权利义务指向的对象，也是合同的必备条款，否则合同不能成立，承包关系无法建立。其中，土地的坐落是指土地的所在地，土地的质量等级是指土地管理部门依法评定的土地等级，是反映土地生产能力的重要指标之一。对于这些内容，合同中要规定细致、清楚，以防止差错，避免纠纷。

（3）承包期限和起止日期。承包期限是指承包方依法享有权利，承担义务的期间。期限直接关系到合同权利义务的延续时间，涉及当事人的利益，也是确定合同是否按时履行或者迟延履行的客观依据。由于土地承包期限是法定的，当事人只能在《农村土地承包法》第21条规定的范围内确定承包期限。另外，为了确定合同权利义务的具体期间，合同中还要规定合同生效的起止日期。

（4）承包土地的用途。按照《农村土地承包法》的规定，承包土地只能用于农业。对“农业”的范围，《农业法》规定，本法所称农业，是指种植业、林业、畜牧业和渔业等产业。《土地管理法》规定，农民集体所有的土地由本集体经济组织的成员承包经营，从事种植业、林业、畜牧业、渔业生产。因此，承包土地只能用于从事种植业、林业、畜牧业和渔业生产。

（5）发包方和承包方的权利和义务。《农村土地承包法》对发包方和承包方的权利义务分别作出了具体规定。除了这些权利义务之外，双方还应当履行其他法律如《土地管理法》《农业法》《森林法》《草原法》《渔业法》等法律中规定的权利义务。当然，当事人还可以在不违反国家法律、行政法规规定的情况下，约定其他的权利义务。

（6）违约责任。违约责任是指承包合同当事人一方或者双方不履行合同或者不适当履行合同，依照法律的规定或者按照当事人的约定，应当承担的法律责任，如支付违约金、赔偿损失等。违约责任是促使当事人履行合同义务，使对方免受或者减少损失的重要法律措施，也是保证合同履行的主要条款。因此一般有关合同的法律对于违约责任都作出了较为详尽的规定，如《民法典》合同编第八章规定的“违约责任”。《农村土地承包法》规定，当事人一方不履行合同义务或者履行义务不符合约定的，应当依法承担违约责任。

63. 农村土地承包合同何时生效?

《农村土地承包法》第23条规定，承包合同自成立之日起生效。承包方自承包合同生效时取得土地承包经营权。由此可知，土地承包合同一经订立便具有法律效力，任何人不得擅自变更和解除，也不得无理干涉和阻挠承包人的土地承包经营权。为此，《农村土地承包法》第25条规定："承包合同生效后，发包方不得因承办人或者负责人的变动而变更或者解除，也不得因集体经济组织的分立或者合并而变更或者解除。"第26条规定："国家机关及其工作人员不得利用职权干涉农村土地承包或者变更、解除承包合同。"这些规定对于加强承包合同的效力，维护承包人的权益意义重大。

合同的成立是指订约当事人就合同的主要内容形成合意。对于合同的成立时间，《民法典》规定，承诺生效时合同成立。这是合同成立的一般规定。同时，《民法典》又对书面形式合同的成立作出了特别规定：当事人采用合同书形式订立合同的，自双方当事人签字、盖章或者按指印时合同成立。《农村土地承包法》已明确规定土地承包合同应当采用书面形式。因此，承包合同成立的时间应当是当事人签字、盖章或者按指印之时。但是，实践中当事人虽没有签字、盖章或者按指印，然而却履行了合同主要义务的，合同也可成立。对于这种情形，《民法典》规定，采用合同书形式订立合同，在签字、盖章或者按指印之前，当事人一方已经履行了主要义务，且对方接受的，该合同成立。

64. 农村土地承包合同生效后会产生哪些效果?

合同生效是指合同产生法律约束力。农村土地承包合同生效后主要会产生以下几个方面的效果：

（1）在当事人之间产生法律效力。合同生效后，当事人依法受到合同的约束，必须遵循合同的规定，依照诚实信用的原则，正确行使权利，履行义务，而不得滥用权利，违反义务。这是合同的对内效力。在客观情况发生变化时，当事人必须依照法律的规定或者取得对方的同意，才能变更或者解除合同。

（2）对当事人以外的第三人产生一定的法律约束力。这属于合同的对外效力。合同生效后，任何单位或者个人都不得侵犯当事人的合同权利，不得非法阻挠当事人履行义务。

（3）当事人违反合同的，将依法承担民事责任，必要时人民法院可以采取强制措施使当事人依照合同的规定承担责任，对对方当事人进行补救。《农村土地承包法》规定，当事人一方不履行合同义务或者履行义务不符合约定的，应当依法承担违约责任。《民法典》合同编第八章“违约责任”对承包合同当事人的法律责任作出了规定。

土地承包经营权作为一种土地使用权，属于用益物权的一种，它的设立以土地承包合同生效为前提。依照《农村土地承包法》的规定，承包合同的生效无须经过特别的批准、登记程序。《农村土地承包法》虽然要求县级以上地方人民政府向承包方颁发有关权利证书，并登记造册，但不能据此认为承包合同的生效和土地承包经营权的设立以登记为先决条件。土地承包经营权自承包合同生效时取得，登记只是作为对承包经营权确认的程序。这同《土地管理法》的规定也是一致的。

65. 农村土地承包合同可以变更吗?

农村土地承包合同期限比较长，短的为30年，长的可达70年甚至更久。合同从订立到履行完毕的几十年时间里，国家的政治经济形势都难免发生重大变化，这些变化必然会导致国家土地政策或法律的改变。鉴于此，《农村土地承包法》一方面严格保护承包合同的法律效力，维护土地承包合同的严肃性，另一方面在一些特殊情况下，也允许土地承包合同变更。

农村土地承包合同在以下几种情形下可以变更：

（1）自然灾害。在土地承包合同有效期间内，如果发生了重大自然灾害以致严重毁损土地，法律就允许对土地承包合同加以变更。根据《农村土地承包法》第 28 条的规定，承包期内，因自然灾害严重毁损承包地等特殊情形对个别农户之间承包的耕地和草地需要适当调整的，必须经本集体经济组织成员的村民会议 2/3 以上成员或者 2/3 以上村民代表同意并报乡（镇）人民政府和县级人民政府农业农村等行政主管部门批准。承包合同约定不得调整的，按照其约定。由此可见，因自然灾害需要对合同进行调整的，必须同时满足法律对土地承包合同调整的条件，具体为：第一，必须是因为自然灾害导致严重毁损承包地；第二，必须是对个别农户承包地的调整而非整体变动承包合同；第三，可以调整的限于耕地和草地而不包括其他土地如林地、“四荒地”等；第四，必须经过本集体经济组织村民会议 2/3 以上成员或者 2/3 以上村民代表的同意；第五，必须报经乡（镇）人民政府和县级人民政府农业农村等行政主管部门批准。除此以外，还必须注意，这种调整不是强制性规定，当事人可以约定排除适用。

（2）林地承包的承包人死亡。按照《农村土地承包法》第 32 条的规定，林地承包的承包人死亡的，其继承人可以在承包期内继续承包。这表明，林地承包合同并不当然因承包人的死亡而导致解除，继承人可以在剩余期限内继续承包。这里要特别注意：第一，本条规定只针对林地承包，而不包括其他土地；第二，只有在林地承包人死亡而承包期尚未届满的情况下，才存在继承人继续承包的问题；第三，林地承包只针对家庭承包而不针对家庭承包以外的形式。所谓承包人死亡，是指合同订立后在册的家庭成员全部死亡，并非指家庭任一成员死亡或者在承包合同上签字的家庭成员（如户主）死亡。因此，这里所规定的林地承包继承问题是指订立合同后在册的家庭成员中最后一个死亡的家庭成员的继承人可以在合同期限内继续承包。

（3）特殊林木林地承包期的延长。虽然我国法律按照土地的不同用途规定了严格的承包期限，但是对特殊林木的承包地，法律允许延长期限。《农村土地承包法》第21条规定，耕地的承包期为30年。草地的承包期为30年至50年。林地的承包期为30年至70年。前述规定的耕地承包期届满后再延长30年，草地、林地承包期届满后依照前述规定相应延长。这样规定主要是考虑到林地投资的回报周期比较长，通常需要二三十年甚至更长。有些特殊林木即使在法定的70年期限内，承包人也难以收回投资收益。如果不区分林木类别一概规定林地的承包期为70年，对这些承包人就不公平。因此，法律规定，特殊林木林地的承包期，经国务院林业行政主管部门批准可以延长。如果获准延长期限，实际上就是改变了原合同规定的期限，因而也属于对原合同的变更。

66. 农村土地承包合同可以解除吗？

农村土地承包合同依法订立后并非不可解除，在满足相应条件的情况下可以解除。农村土地承包合同的解除原因包括以下几个方面：

（1）期限届满。我国法律针对不同用途的土地规定了不同的承包最长期限，因此，承包期限届满，承包合同自然应当解除，由发包方收回土地。

（2）土地灭失。土地承包合同的订立和继续应当以土地的存在为前提，土地是土地承包合同法律关系的客体，如果客体不存在，则法律关系当然消灭。因此，土地灭失是土地承包合同解除的原因。

（3）承包人自愿交回土地。《农村土地承包法》的立法宗旨是保护承包人的土地承包权不受非法侵犯，因此立法的重点从各个不同方面规范发包人以及其他组织的行为，以达到保护承包人的合法权益的目的。对于承包人一方则赋予了较大的权利行使空间。虽然法律有关于承包期限的规定，但是这种期限对于发包人也具有法律拘束力。而承包人则可以在承包期届满之前，自愿交回所承包的土地。《农村土地承包法》第30条规定："承包期内，承包方可以自愿将承包地交回发包方……"承包人自愿交回承包的土地的，承包合同即告解除。

（4）承包人全家进城落户，转为非农业户口。《农村土地承包法》第27条规定，承包期内，承包农户进城落户的，引导支持其按照自愿有偿原则依法在本集体经济组织内转让土地承包经营权或者将承包地交回发包方，也可以鼓励其流转土地经营权。根据该条规定，承包人进城落户可能会导致合同解除。

（5）国家征收。我国《宪法》规定，国家为了公共利益的需要，可以依法对集体所有的土地征收。征收对象当然不排除已经承包的土地。如果征收涉及承包的土地，则承包合同因为征收而解除。

67. 村委会有权以集体经济组织合并或分立为由，解除承包合同吗?

承包合同不因集体经济组织的合并或分立而变更或解除。分立是指一个集体经济组织被分为两个以上新的组织，原组织的权利义务由新的集体经济组织承担。合并一般有两种情况：一种情况是指两个以上组织合并成为一个新的组织，由新的组织承担被合并的组织的权利义务；另一种情况是指一个组织被撤销后，将其权利义务一并转让给另一个组织。

《农村土地承包法》规定，发包方不得因集体经济组织的分立或者合并而变更或者解除合同。在土地承包中，无论发包方分立或者合并是出于何种原因，其权利义务都应当按照法律的规定和合同的约定享有和承担。实践中在个别地方出现的一些因集体经济组织合并或分立而变更或解除承包合同的做法，是错误的，应依法予以禁止。

68. 国家机关及其工作人员可以干涉农村土地承包合同吗？

承包本集体农民集体所有的土地，是集体经济组织成员的最重要的财产权利。剥夺或者限制这种权利，是对农民合法权益的严重侵犯。《民法典》规定，公民、法人的合法的民事权益受法律保护，任何组织和个人不得侵犯。《土地管理法》规定，农民的土地承包经营权受法律保护。其他法律，如《农业法》《森林法》等也有类似规定。《农村土地承包法》第26条规定，国家机关及其工作人员不得利用职权干涉农村土地承包或者变更、解除承包合同。也就是说，任何组织和个人都不得剥夺和非法限制农村集体经济组织成员承包土地的权利。

承包合同是发包方和承包方之间设立、变更、终止土地承包权利义务关系的协议，是承包方取得承包经营权的基础，任何组织和个人都不得加以干涉。国家有关政策也曾指出，合同一经依法签订，即具有法律约束力，任何单位和个人均不得擅自变更或者解除。

在现实生活中，干涉土地承包主要是指剥夺或者非法限制农村集体经济组织成员承包土地的权利，剥夺妇女应当享有的土地承包经营权，违背承包方的意愿，干涉承包方的经营自主权以及强令变更和解除承包合同等行为。依照《农村土地承包法》的规定，国家机关及其工作人员不得利用职权干涉农村土地承包，不得违背承包合同当事人意愿，利用职权强行变更或者解除承包合同。国家机关是指国家的权力机关、行政机关、司法机关以及军事机关，包括各级人大及其常委会，各级人民政府，各级法院、检察院等。国家机关工作人员是指在国家机关中从事公务的人员，即在国家机关中行使一定职权、履行一定职务的人员，通俗地称为国家干部。无论什么级别的国家机关工作人员，都应当严格贯彻农村土地承包法，不得利用职权干涉土地承包。

对于国家机关及其工作人员干涉土地承包，变更、解除承包合同应当承担的法律责任，《农村土地承包法》在“争议的解决和法律责任”一章中规定：国家机关及其工作人员有利用职权干涉农村土地承包，变更、解除承包合同，给承包方造成损失的，应当承担损害赔偿等责任；情节严重的，由上级机关或者所在单位给予直接责任人员行政处分；构成犯罪的，依法追究刑事责任。

69. 农户可以自愿交回承包地吗？

在承包期内，承包方享有对土地的承包经营权。土地承包经营权是一种支配权，具有排除任何组织和个人干涉的效力，是一种物权，承包方可以自己行使，可以依法流转，也可以放弃，即自愿将承包地交回发包方。

《农村土地承包法》第30条规定，承包期内，承包方可以自愿将承包地交回发包方。承包方自愿交回承包地的，可以获得合理补偿，但是应当提前半年以书面形式通知发包方。承包方在承包期内交回承包地的，在承包期内不得再要求承包土地。

我国农村人多地少，大部分地区经济比较落后，土地是农民基本的生产资料和生活保障，农民对土地的依赖性比较大，因此承包方在承包期内自愿交回承包地的情况比较少。承包方一般是在已有稳定的非农职业或者稳定的收入来源，不再依赖土地生活的情况下，才可能自愿将承包地交回发包方。如承包方在农村兴办乡镇企业、进入城镇从事非农职业、老年人进城投靠子女等。

是否交回承包地，何时交回承包地，是承包方的权利，以承包方自愿为原则。但承包方自愿交回承包地的，应当提前半年以书面形式通知发包方。规定通知义务，主要是考虑能够让发包方对交回的土地做出使用上的安排，避免因承包方自愿交回而造成土地闲置。如果不规定承包方的通知义务，允许承包方随时交回承包地，假如承包方选择在农耕季节交回，发包方就很难及时、有效地组织生产，也很难及时将交回的土地再发包出去，就可能会错过农耕季节，造成土地荒芜，浪费土地资源。而提前半年通知，就给了发包方一个合理的准备期限，在此期限内，发包方可以根据实际情况选择集体经营，或者将土地发包给其他农户。规定承包方以书面形式通知发包方，有利于贯彻承包方“自愿”交回的原则，也可以避免事后发生纠纷。

承包方在承包期内交回承包地，也就是放弃了自己已经享有的土地承包经营权，在承包期内，承包方不得再要求承包土地。因此，承包方在交回承包地前，应当慎重考虑，只有在有了稳定的非农职业或者稳定的收入来源，确实不再依赖土地的情况下，才可以交回承包地。交回承包地后，如果因特殊情况失去了非农职业或者其他收入来源需要耕种土地的，应当通过土地流转等方式解决，而不能再要求承包土地。当然，对没有其他收入来源、生活确有困难的农户，如果集体经济组织还有富余的土地，也可以适当地分给他们一些。

70. 农村土地承包合同无效的情形有哪些?

根据《民法典》相关规定、《农村土地承包法》第58条和其他有关土地承包的法律政策的规定，有下列情形之一的，土地承包合同无效：（1）无民事行为能力人（不满8周岁的未成年人）签订的土地承包合同；（2）合同双方以虚假的意思表示（如以合法形式掩盖非法目的）签订的土地承包合同；（3）违反法律法规强制性规定的土地承包合同；（4）违背公序良俗的土地承包合同；（5）恶意串通，损害他人合法权益的土地承包合同；（6）承包合同中违背承包方意愿或者违反法律、行政法规有关不得收回、调整承包地等强制性规定的约定。

有效合同对当事人具有法律约束力，国家给予法律保护。无效合同由于违反了法律、行政法规的强制性规定，对当事人不具有法律约束力，国家不予保护。合同无效分为整个合同无效和部分合同无效。合同部分无效的，不影响其他部分的效力，其他部分仍然有效。具体到《农村土地承包法》的规定，如果在承包合同的若干条款中，有一条内容违反了该法有关收回、调整土地的规定，那么只是该条款无效。无效合同自始没有法律约束力。

71. 签订农村土地承包合同应当遵守哪些规定？

实行以家庭承包经营为基础、统分结合的双层经营体制是国家在农村的一项基本政策，是我国农村的一项基本经营制度。

为了切合实际地落实这一政策，维护好这一制度，保护农村土地承包当事人的合法权益，促进农业、农村经济的发展和社会的稳定，在农村进行土地承包应当遵循一定的原则和程序，符合法律的规定。在土地被承包方依法承包后，《农村土地承包法》明确要求发包方应当与承包方签订书面承包合同，其目的是通过合同明确双方在土地承包关系中的权利、责任和义务，便于监督、督促双方履行合同所确定的义务，同时对于防止争议和解决纠纷也具有积极的意义。

发包方与承包方签订土地承包合同，首先，应当遵守《民法典》合同编的规定，如一方不得将自己的意志强加给另一方。双方行使权利、履行义务应当遵循诚实信用的原则。订立、履行合同，应当遵守法律、行政法规，尊重社会公德，不得扰乱社会经济秩序，损坏社会公共利益。依法成立的合同，对当事人具有法律约束力。当事人应当按照合同约定履行自己的义务，不得擅自变更或者解除合同等。其次，发包方与承包方在签订土地承包合同时还应当遵守《农村土地承包法》的有关规定，如该法明确规定，农村土地承包应当遵守法律、法规。承包方的土地承包经营权受国家保护，任何组织和个人不得侵犯。对于承包地的收回和调整，除《农村土地承包法》第27条规定的农户进城落户交回土地的情况外，承包期内，发包方不得收回承包地。承包期内，如果承包方进入小城镇落户，应当按照承包方的意愿，保留其土地承包经营权或者允许其依法进行土地承包经营权流转。承包期内，发包方不得调整承包地。但承包期内，因自然灾害严重毁损承包地等特殊情形对个别农户承包的耕地和草地需要适当调整的，必须经本集体经济组织成员的村民会议 2/3 以上成员或者 2/3 以上村民代表的同意，并报乡（镇）人民政府和县级人民政府农业农村等行政主管部门批准。承包合同中约定不得调整的，按照其约定。承包期内，妇女结婚，在新居住地未取得承包地的，发包方不得收回其原承包地；妇女离婚或者丧偶，仍在原居住地生活或者不在原居住地生活但在新居住地未取得承包地的，发包方不得收回其原承包地。如果发包方与承包方签订的承包合同中有违背上述规定的，该合同内容无效。

72. 违反土地承包合同应当承担什么责任？

依法成立的合同，对双方当事人具有法律约束力，当事人应当按照合同的约定履行自己的义务。如果不履行义务或者履行义务不符合约定则需要承担违约责任。违约责任，是合同当事人违反合同约定所应承担的民事责任。违约责任制度，是保证当事人履行合同义务的重要措施，有利于促进合同的履行和弥补违约造成的损失，对合同当事人和整个社会都具有积极的意义。土地承包合同与其他合同一样，一方当事人的违约行为同样会给另一方当事人造成损失，违约方就应当承担因违约行为给对方造成的损失，即承担违约责任。《农村土地承包法》第59条规定，当事人一方不履行合同义务或者履行合同义务不符合约定的，应当依法承担违约责任。也就是说，除不可抗力等法定免责事由外，任何一方当事人只要违约都要承担违约责任。本条这一规定还明确了违约分为两种情况，不履行合同义务或者履行合同义务不符合约定。无论哪一种情况，一方如有违约行为，就应当承担违约责任。

关于承担违约责任的方式、损失赔偿额的确定、违约金、违约金与定金的选择适用、违约责任的免除、违约责任与侵权责任的竞合等内容，《民法典》有具体明确的专门规定。

此外，《民法典》还规定，当事人一方明确表示或者以自己的行为表明不履行合同义务的，对方可以在履行期限届满之前要求其承担违约责任。因不可抗力不能履行合同的，根据不可抗力的影响，部分或者全部免除责任，但法律另有规定的除外。当事人迟延履行后发生不可抗力的，不能免除责任。当事人一方因不可抗力不能履行合同的，应当及时通知对方，以减轻可能给对方造成的损失，并应当在合理期限内提供证明。当事人双方都违反合同的，应当各自承担相应的责任。

73. 违反土地承包合同的，承担违约责任的方式有哪些？

根据《民法典》的规定，承担违约责任的方式有继续履行、采取补救措施、赔偿损失等。是否继续履行，可由没有违约的一方当事人选择，既可以要求违约方继续支付合同约定的而违约方未支付的价款或者报酬，也可以要求违约方继续履行提供生产、技术、信息等非金钱债务，还可以要求其赔偿损失。关于采取补救措施，如发包方提供的农用工具不符合合同约定的质量，承包方可以根据发包方供给的农用工具的具体情况及损失的大小，合理选择要求发包方承担修理、更换、重作、退货、减少价款或者报酬等违约责任。违约方在履行义务或者采取补救措施后，对方还有其他损失的，应当赔偿损失。赔偿损失是承担违约责任的最基本的方式。损失赔偿额应当相当于因违约所造成的损失，包括合同履行后可以获得的利益，但不得超过违反合同一方订立合同时可以预见或者应当预见到的因违反合同可能造成的损失。当事人一方因另一方违反合同受到损失的，应当及时采取措施防止损失的扩大；没有及时采取措施致使损失扩大的，无权就扩大的损失要求赔偿。

以上是关于当事人没有在合同中约定违约责任条款的情况下，法律规定的违约责任。如果当事人在合同中约定了违约责任条款，违约发生后，首先应当按照合同的约定办理。例如，当事人在合同中约定了一方违约由违约方向对方支付一定数额的违约金，或者约定了损失赔偿额的计算方法，则按此约定办理。《民法典》规定，约定的违约金低于造成的损失的，当事人可以请求人民法院或者仲裁机构予以增加；约定的违约金过分高于造成的损失的，当事人可以请求人民法院或者仲裁机构予以适当减少。如果当事人既约定了违约金，又约定了定金，一方违约时，对方可以选择适用违约金或者定金条款。

第五章

CHAPTER 5

土地经营权流转

74. 农村土地经营权流转应遵循什么原则？

根据《农村土地承包法》第38条的规定，农村土地经营权流转应当遵循以下原则：

一是依法、自愿、有偿原则。依法是指土地承包经营权流转应当依照法律规定进行。自愿是指土地经营权的流转必须出于双方当事人完全自愿，流转方不得强迫受流转方接受土地经营权流转，受流转方也不得强迫流转方将土地经营权流转。有偿是指土地经营权的流转多是等价有偿，应当体现公平原则。有偿原则并不排斥土地经营权在某些时候的无偿流转。土地经营权流转的具体事宜应当由双方当事人协商，任何组织和个人不得强迫或者阻碍土地经营权的流转。

二是不改变土地所有权的性质和土地的农业用途，不得破坏农业综合生产能力和农业生态环境的原则。土地经营权流转，不得改变土地所有权的性质，也不得改变土地的农业用途。

三是流转的期限不得超过承包期剩余年限的原则。土地经营权流转是有期限的，该期限不得超过土地承包经营权的剩余期限。例如，土地承包经营权的期限为30年，承包人已使用20年，该土地经营权流转的期限即不得超过10年。

四是受让方须有农业经营能力或者资质的原则。受让方应当具有农业生产的能力，这是对受让方主体资格的要求。倘若其不能从事农业生产，就不能承受土地经营权的流转。

五是在同等条件下，本集体经济组织成员优先原则。土地经营权流转中，在同等条件下，较本集体经济组织以外的人，本集体经济组织成员可以优先取得流转的土地经营权。

75. 农村土地经营权流转的主要形式有哪些？

承包经营权具有物权性质，是指承包人对承包财产享有的占有、使用、收益的权利。农村土地承包经营权是村民对农民集体所有的土地或者国家所有由农民集体长期使用的土地的使用权，享有占有土地自己使用、收益和在一定范围内处分经营的权利。农村土地承包经营权作为一种物权，具有流转性。以家庭承包经营为基础、统分结合的双层经营体制，是我国农村的基本经营制度。在稳定家庭承包经营的基础上，允许土地承包经营权的合理流转，是农业发展的客观要求。土地承包经营权流转是农村经济发展、农村劳动力转移的必然结果。只有第二产业、第三产业发达，大多数农民实现非农就业并有稳定的工作岗位和收入来源的地方，才有可能出现较大范围的土地经营权流转，发展适度规模经营。

《农村土地承包法》第36条、第37条规定，承包方可以自主决定依法采取出租（转包）、入股或者其他方式向他人流转土地经营权，并向发包方备案。土地经营权人有权在合同约定的期限内占有农村土地，自主开展农业生产经营并取得收益。

农村土地经营权流转的方式有转包、出租、入股等，具体如下：

转包主要发生在农村集体经济组织内部农户之间。转包人是享有土地承包经营权的农户，受转包人是承受土地经营权转包的农户。转包人对土地经营权的产权不变。受转包人享有使用土地的权利，获取承包土地的收益，并向转包人支付转包费。转包无须经发包人许可，但转包合同需向发包人备案。

出租主要是农户将土地经营权租赁给本集体经济组织以外的人。出租人是享有土地承包经营权的农户，承租人是承租土地经营权的外村人。出租是一种外部的民事合同。承租人通过租赁合同取得土地经营权的承租权，并向出租的农户支付租金。农民出租土地经营权无须经发包人许可，但出租合同需向发包人备案。

入股主要是指入股者（原承包方）在取得的物权性质土地承包经营权有效存在的前提下，依法将农村承包地使用权量化为股权，以此入股组成股份公司、合作社或农场等并从事农业生产经营的方式。承包方自愿将承包土地的土地经营权入股企业发展农业产业化经营的，可以采取优先股等方式降低农民风险。

76. 发包方能收取土地经营权流转收益吗？

《农村土地承包法》第39条规定，土地经营权流转的价款，应当由当事人双方协商确定。流转的收益归承包方所有，任何组织和个人不得擅自截留、扣缴。

土地经营权流转的流转费，包括转包的转包费、出租的租金、转让的转让费，具体数额应当由流转方和受流转方在流转合同中协商确定。双方商定的流转费归流转方，即承包方所有。任何组织和个人不得擅自截留、扣缴流转费，以保障承包方流转土地经营权的收益不被侵犯。同时，《农村土地承包法》第61条规定，任何组织和个人擅自截留、扣缴土地承包经营权互换、转让或者土地经营权流转收益的，应当退还。

根据法律规定，承包方在自愿的前提下，可以与受让方平等地协商有关土地经营权流转事宜，如流转的方式、流转的期限、流转土地的用途、双方当事人的权利义务、流转的价款及支付方式等。由于土地经营权的流转遵循自愿、有偿的原则，那么，承包方不仅可以与受让方协商确定流转费用，还可以根据自己享有的承包经营权明确流转费用归承包方所有。任何组织和个人擅自截留、扣缴土地经营权流转收益的，都应当退还。

77. 土地经营权流转必须签订书面合同吗？合同应包括哪些内容？

《农村土地承包法》第40条规定，土地经营权流转，当事人双方应当签订书面流转合同。土地经营权流转应当采用书面形式签订合同，以明确双方的权利义务，减少纠纷。当事人没有采用书面形式签订合同，但已实际流转了，仍可认定土地经营权流转合同成立。承包方将土地交由他人代耕不超过一年的，可以不签订书面合同。

土地经营权流转合同一般包括以下条款：（1）双方当事人的姓名、住所；（2）流转土地的名称、坐落、面积、质量等级；（3）流转期限和起止日期；（4）流转土地的用途；（5）双方当事人的权利和义务；（6）流转价款及支付方式；（7）土地被依法征收、征用、占用时有关补偿费的归属；（8）违约责任。

土地经营权流转的，承包方应当将此类流转合同报发包方备案。不论发包方是否同意，都不影响该流转合同的成立。土地被依法征收、征用、占用时有关补偿费，需要明确说明归属问题，实践中时常会因为该等归属问题产生纠纷。

78. 土地经营权流转必须进行登记吗?

《农村土地承包法》第41条规定，土地经营权流转期限为5年以上的，当事人可以向登记机构申请登记。未经登记，不得对抗善意第三人。对土地经营权的流转进行登记，是指流转土地经营权的当事人，申请国家有关登记部门将土地经营权转包、出租、入股等流转的事项记载于不动产登记簿上。登记的主要目的在于将土地经营权变动的事实予以公示，使他人明确土地经营权的权利人。

登记制度是不动产物权制度的基石，具有极其重要的意义，但各国立法对于不动产物权登记有不同的态度：一是采用登记生效主义，即不动产物权的设立、变动不登记就不生效；二是采用登记对抗主义，即不登记不得对抗善意第三人。我国对于土地承包经营权的流转采用登记对抗主义，也就是说，当事人签订土地承包经营权的流转合同，并经发包方备案或者同意后，该合同即发生法律效力，不强制当事人登记。这样规定，一方面，是从我国农村的实际出发：首先，农民承包的是本集体经济组织所有的土地，承包方案又是经村民会议通过的，聚集而居的农户对于自己和本集体经济组织的其他农户的承包地的情况应当是清楚的，实际上已经起到了公示作用；其次，调查结果表明，目前农户流转土地承包经营权的情况比较少，特别是向本集体经济组织之外的单位和个人流转的情况更少；最后，变更土地承包经营权登记要履行一定的法律程序，并交纳相应的费用，可能会增加农民的负担。另一方面，考虑到在某些情况下，土地承包经营权流转后，如果并未将变动的事实通过登记的方式予以公示，那么他人比较难以了解到土地承包经营权发生了变动，会因此受到损害。因此，《农村土地承包法》将登记的决定权交给当事人，当事人要求登记的，可以登记，但是出于登记成本的考虑，《农村土地承包法》规定流转期限为 5 年以上的，才有权要求登记。

未经登记，不能对抗善意第三人。也就是说，不登记将产生不利于土地承包经营权受让人的法律后果。比如承包户 A 将某块土地的经营权流转（如转包、出租等）给 B，但没有办理变更登记。之后，A 又将同一块地的经营权流转给 C，同时办理了变更登记。如果 B 与 C 就该土地的经营权发生纠纷，由于 C 取得土地经营权进行了登记，他的权利将受到保护，B 不能取得该地块的土地经营权。因此，为了更好地维护自己的权益，土地经营权的受让人最好要求办理土地经营权的流转登记。

第六章

CHAPTER 6

其他承包方式

79. “四荒地”等农村土地的承包方式有哪些？

《农村土地承包法》第 48 条规定，不宜采取家庭承包方式的荒山、荒沟、荒丘、荒滩等农村土地，通过招标、拍卖、公开协商等方式承包的，适用本章规定。第 49 条规定，以其他方式承包农村土地的，应当签订承包合同，承包方取得土地经营权。当事人的权利和义务、承包期限等，由双方协商确定。以招标、拍卖方式承包的，承包费通过公开竞标、竞价确定；以公开协商等方式承包的，承包费由双方议定。第 50 条规定，荒山、荒沟、荒丘、荒滩等可以直接通过招标、拍卖、公开协商等方式实行承包经营，也可以将土地经营权折股分给本集体经济组织成员后，再实行承包经营或者股份合作经营。承包荒山、荒沟、荒丘、荒滩的，应当遵守有关法律、行政法规的规定，防止水土流失，保护生态环境。

依照《农村土地承包法》第 3 条的规定，国家实行农村土地承包经营制度。其中，对于农民集体所有和国家所有依法由农民集体使用的耕地、林地、草地这些农村土地，一般实行人人有份的农村集体经济组织内部的家庭承包方式；对于不宜采取家庭承包方式的荒山、荒沟、荒丘、荒滩等农村土地，可以采取招标、拍卖、公开协商等方式承包。此种承包并非集体经济组织成员人人有份的承包，以至于承包方不局限于农村集体经济组织内部成员，非本集体经济组织成员的外村农户、其他组织等从事农业生产经营者依照法律规定和承包合同皆可取得对这些土地的承包权，从事种植业、林业、畜牧业、渔业等农业生产经营。

“四荒地”等农村土地资源流转的主要形式是拍卖，“四荒地”等农村土地资源的拍卖，起源于我国西部农村，实践证明，通过拍卖“四荒地”等农村土地，实现了土地资源的优化配置，农村集体经济组织也由此盘活了存量资金，回收了一笔资金，壮大了经济实力，促进了社区内农业生产的改善和农村经济的可持续发展。拍卖形式之所以受到如此的重视和欢迎，除了拍卖相较于其他流转形式更能明晰产权，使土地与经营者结合得更加紧密以外，最根本的原因在于，经历了多年的改革开放，社会主义市场经济体制已经在我国确立和日臻完善，市场日趋成为包括土地资源在内的生产要素的基础的配置者，为“四荒地”等农村土地的拍卖流转奠定了制度基础和社会环境。

除以直接招标、拍卖、公开协商等形式实行“四荒地”等农村土地的承包经营外，在本集体经济组织内部，也可以将“四荒地”等农村土地的承包经营权折股分给本集体经济组织成员后，再实行承包经营或者股份合作经营。目前，我国农村“四荒地”等农村土地的承包形式以及发展趋势，在经济发展水平不同的地区及“四荒地”等农村土地资源丰歉程度不同的地区呈现出较大的差异性。但从总体而言，是多种形式并存，承包形式有家庭承包、联户承包、租赁、股份合作、招标、拍卖等多种。各种形式各有其利，如拍卖是对使用权的深度分割，更有利于调动投资者开发的积极性。但是股份合作制则有利于集体经济组织、农户的广泛参与，利益分享、风险共担，有利于降低生产经营费用和其他成本。实践中，在部分地方，实行以本集体经济组织内部成员人口为依据，将承包“四荒地”等农村土地的经营权量化为股份进行股份合作经营。西北地区部分省份由于生态脆弱，“四荒地”等农村土地的开发、治理难度较大，多采取先通过集体经济组织治理，再将“四荒地”等农村土地承包给个人或进行股份合作经营的做法。

80. 家庭承包与招标等其他承包方式有什么区别？

家庭承包与通过招标、拍卖、公开协商等其他方式进行的承包有很大区别。家庭承包是按照国家有关规定进行的人人有份的承包，主要对象是耕地、林地和草地，具有社会保障的性质。其他方式的承包，即通过招标、拍卖、公开协商等方式进行的承包，主要是针对“四荒地”等其他土地，承包人是通过市场化的方式获得其承包经营权。对于家庭承包的耕地、林地、草地，承包期限分别为30年、30年~70年、30年~50年。承包期内非因自然灾害严重毁损承包地，以及承包方进城落户交还承包地等法定原因并依照法定程序，发包方不得调整、收回承包地。对于其他形式的土地承包，由于是有偿取得，并且不涉及社会保障的因素，政策上比较灵活。

就家庭承包而言，首先，承包方与发包方的权利义务、承包费等事宜，均由合同约定。其次，依法获得的土地承包经营权可以采取转包、出租、入股、抵押或者其他方式流转。最后，在继承问题上，承包人死亡，其应得的承包收益，依照继承法的规定继承，在承包期内，其继承人可以继续承包。

对荒山、荒沟、荒丘、荒滩等土地资源承包的具体形式，《农村土地承包法》明确的有招标、拍卖、公开协商等。招标是市场经济条件下促进效率优化资源的一种交易方式，其根本原则是公开、公平、公正和诚实信用。此种交易方式多为大宗货物的买卖、工程建设项目的发包与承包，以及服务项目的采购与提供所采用，但不局限于此，农村荒山、荒沟、荒丘、荒滩等土地资源的承包也可以采取招标的方式。在这种交易方式下，农民集体所有的“四荒地”等农村土地依法属于村农民集体所有的，由村集体经济组织或者村民委员会作为招标方；已经分别属于村内两个以上农村集体经济组织的农民集体所有的，由村内各该农村集体经济组织或者村民小组作为招标方；国家所有依法由农民集体使用的，由使用该土地的农村集体经济组织、村民委员会或者村民小组作为招标方。招标方通过发布招标公告或者向有意投标承包的集体经济组织内部成员或外部农业生产者发出招标邀请等方式发出招标信息，列出拟发包的荒山、荒沟、荒丘、荒滩等土地的名称、坐落、面积、质量及其承包要求、承包期限以及对承包经营者的资格要求等招标条件，表明将选择最能够满足承包要求的农业承包经营者与之签订承包合同的意向，由各有意承包的农业承包经营者作为投标方，向招标方书面提出自己符合招标要求的条件，参加投标竞争。招标方对各投标者的条件进行审查比较后，从中择优选定中标者，并与其签订土地承包合同。

拍卖是指以公开竞价的形式，将特定物的财产权利转让给最高应价者的买卖方式。拍卖是一种公开的竞买活动。拍卖的出卖人称为“拍卖人”，参加拍卖的买主称为“竞买人”。拍卖最大的特点是公开性和竞争性。拍卖是由竞买人提出各种标价，通过公开竞争，由拍卖人通过击锤等特定方式接受某项出价的买卖方式。拍卖活动的公开性和竞争性充分体现在拍卖的程序上，它必须经过三个步骤：（1）拍卖人将拍卖物的种类、拍卖处所、拍卖日期及其他必要事项公开告知公众。拍卖必须是公开的出卖。拍卖人所公开表示的出卖意思本身并不是买卖合同意义上的要约，而只是邀请谈判（或称要约邀请）。（2）在规定的拍卖日期和拍卖地点，拍卖人当众拍卖规定的物品。拍卖的性质决定了竞买人必须是多数人。各个竞买人在拍卖过程中可以以竞相抬高价格的方式出价购买。竞买人的出价就是法律意义上的要约。竞买人的出价对他自己有约束力，但是，在拍卖人拍定以前，竞买人可以随时撤回自己的出价。（3）拍卖人对于竞买人所作的意思表示作出承诺，这种承诺就叫拍定，是拍卖人表示卖定的意思。拍定常用击锤的方式表示。拍卖人就竞买人所出的最高价高呼三次后，没有人再出更高价额时，他就可以击锤拍定。拍定意味着拍卖人接受竞买人的要约，一经拍定，买卖合同即告成立。

81. 如何理解“四荒地”等农村土地承包的优先权？

《农村土地承包法》第51条规定，以其他方式承包农村土地，在同等条件下，本集体经济组织成员有权优先承包。该条仅适用于以其他方式如招标、拍卖、公开协商等承包的农村土地，具体指农民集体所有和国家所有依法由农民集体使用的土地资源，以荒山、荒沟、荒丘、荒滩等“四荒地”等农村土地为代表。采取家庭承包方式承包的耕地、林地、草地不适用该条的规定。20世纪90年代中央有关文件指出，农村集体经济组织内的农民都有参与治理开发“四荒地”的权利，本村村民享有优先权，也鼓励和支持有治理开发能力的企事业单位、社会团体及其他组织或个人采取不同方式治理“四荒地”。在优先承包权问题上，中央有关文件多次重申，农村集体经济组织内部农民都有参与治理“四荒地”等农村土地的权利，同时积极支持和鼓励社会单位和个人参与。在同等条件下，本集体经济组织内的农民享有优先权。

所谓同等条件，即本集体经济组织内部成员和外部竞包者同时参与承包权的竞争，在两者农业技术力量、资金状况、信誉状况、承包费用等条件相当的情况下，本集体经济组织内部成员取得该土地的承包权。在两者资信、技术等条件有所差异的情况下，当然应采取择优选用的标准，而绝不是当然地将土地承包给条件处于劣势的本集体经济组织内部成员。否则就违背了招标、拍卖、公开协商所强调的公开性、公正性和程序性的原则。因此，不能简单地认为在以其他方式承包土地的情况下，本集体经济组织内部成员就一定享有优先权，这里的优先是以“同等条件”为前提的。本集体经济组织内部成员与外部竞争者具有同等的竞争条件时，发包方才可将土地优先承包给本集体经济组织内部成员。

82. 将"四荒地"等农村土地发包给集体经济组织以外的单位或者个人需要经过什么程序？

《农村土地承包法》第52条规定，发包方将农村土地发包给本集体经济组织以外的单位或者个人承包，应当事先经本集体经济组织成员的村民会议2/3以上成员或者2/3以上村民代表的同意，并报乡（镇）人民政府批准。由本集体经济组织以外的单位或者个人承包的，应当对承包方的资信情况和经营能力进行审查后，再签订承包合同。

中央有关文件指出，农村大部分"四荒地"资源属当地农民群众集体所有，农村集体经济组织在实施承包、租赁或拍卖"四荒地"使用权之前，应当坚持公开、公平、公正、自愿的原则，充分发扬民主，广泛征求群众意见，成立由村民代表参加的工作小组，拟订方案，要规定治理开发"四荒地"的范围、期限、方式（承包、租赁、拍卖等）与程序、估价标准，明确治理开发的内容和要求等，经村民会议或者村民代表大会讨论通过。依照有关土地管理的法律、法规须报经县级以上人民政府批准的，应办理有关批准手续。之所以规定本集体经济组织以外的单位和个人承包"四荒地"资源时要经村民会议2/3以上成员或者2/3以上村民代表的同意，主要是为了确保本集体经济组织所有成员的利益，防止个别人员对农民集体所有的土地所有权的侵害。

本条法律规定主要是从维护集体经济组织成员的应有权利，促进农户的经济民主而设立的程序性规定。所谓经济民主，即村民平等享有公平、公正的土地承包权，政策和法律赋予的承包土地的使用权、自主经营权、收益分配权、流转权和继承权、个人财产的积累和保障权，自由、自愿参与合作经济组织，获取平等的就业机会和分享经济增长成果的权利，男女同工同酬的分配权，决策理财等方面的知情、参与和监督权等。以其他方式承包的“四荒地”主要是农村集体所有的土地资源，从所有权归属上讲，属于集体经济组织成员共同所有，因此在由本集体经济组织以外的单位或个人承包时，应充分考虑集体经济组织内部成员作为共同所有人的决策权利。因此本条规定了由本集体经济组织以外的单位或个人承包“四荒地”时应遵循的程序，以保证“四荒地”等土地资源能够得到合理开发利用，承包合同能得到全面履行，防止农民集体经济组织的利益受到损害。

83. 以其他方式承包土地取得的承包收益可以继承吗？

《农村土地承包法》第 54 条规定，通过招标、拍卖、公开协商等方式取得土地经营权的，该承包人死亡，其应得的承包收益，依照继承法的规定继承；在承包期内，其继承人可以继续承包。

土地承包经营权的继承问题是关系我国广大农村长期繁荣稳定的关键问题之一，是赋予农民长期而有保障的土地承包经营权必须解决的问题。因此，我国于1985年制定的《继承法》根据农村经济体制改革的需要，在第4条规定："个人承包应得的个人收益，依照本法规定继承。个人承包，依照法律允许由继承人继续承包的，按照承包合同办理。"1991年通过的《水土保持法》第26条规定，承包"四荒地"的，基于治理水土流失所种植的林木及其果实归承包者所有，基于治理水土流失而新增加的土地，由承包者使用。而且承包者在合同有效期内死亡的，其继承人可以依照承包合同的约定继续承包。

关于家庭承包中的继承问题，《农村土地承包法》已作了规定，从第32条、第54条的规定来看，两种方式的承包引发的继承问题有一定的差别，主要体现在：

第一，在家庭承包中，土地承包经营权是农村集体经济组织内部人人有份的，是农村集体经济组织成员的一项权利。而成为非农业人口的人能否继承土地承包经营权？应当说成为非农业人口的人已经不是农村集体经济组织的成员了，也没有对土地承包经营权的继承权。而在其他方式的承包中，则不存在这个问题。例如，一个农户对本村荒山进行承包，这种承包并不是在本村内人人有份的，而是通过招标、拍卖或者公开协商等方式取得的土地承包经营权，这种承包是有偿取得的，期限较长，投入很大，应当允许继承。不但允许继承，而且允许已成为非农业人口的人继承。

第二，在家庭承包中，由于是以户为生产经营单位，因此部分家庭成员死亡的，不发生土地承包经营权本身的继承问题，而是由这个承包户内的其他成员继续承包。在承包人死亡，承包方的家庭消亡后，土地承包经营权由发包方收回，其他继承人只能继承土地承包的收益，并要求发包方对被继承人在土地上的投入作一定的补偿。而在其他方式的承包中则有所不同，如承包本村荒山的承包人死后，荒山的经营权可以由其继承人继续承包，如果所有的继承人都不愿意承包经营，还可以将经营权转让，把转让费作为遗产处理。

但是，家庭承包与以其他方式承包土地经营权在林地承包方面也有共通之处。林地承包的承包人死亡，其继承人可以在承包期内继续承包。以其他方式承包的继承与林地承包是相似的，即以其他方式承包的承包人死亡后，其所承包的“四荒地”的经营权在承包期内由其继承人继续承包。

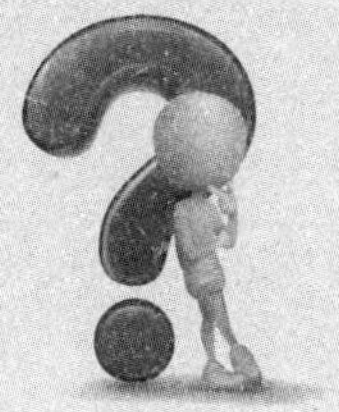

第七章

CHAPTER 7

农村土地征收征用

84. 什么是土地征收？

土地征收指国家为了社会公共利益的需要，依据法律规定的程序和批准权限，并依法给予农村集体经济组织及农民补偿后，将农民集体所有的土地变为国有土地的行为。

征收须符合三项条件：一是“为了社会公共利益”。出于“社会公共利益”以外的目的，如商业目的，绝对不适用国家征收。所谓“社会公共利益”，是指全体社会成员的直接的利益。公共道路交通、公共卫生、灾害防治、国防、科学及文化教育事业，以及环境保护、文物古迹及风景名胜区的保护等，均属于社会公共利益。建设经济开发区、科技园区，虽然可以使社会成员“间接”得到利益，但仍属于商业目的，不属于社会公共利益。因商业目的需要取得单位和个人的土地使用权，应当与土地使用权人平等协商，并签订相关合同。二是征收应符合法律规定的权限和程序，如现行《土地管理法》对征收所作出的规定。三是必须对被征收的单位和个人给予公正、合理的补偿。例如，现行《土地管理法》规定，征收耕地的补偿费用包括土地补偿费、安置补助费以及地上附着物和青苗的补偿费。

85. 什么是土地征用？

土地征用是指国家为了社会公共利益的需要，依据法律规定的程序和批准权限批准，并依法给予农村集体经济组织及农民补偿后，将农民集体所有土地的使用权收归国有的行政行为。

征用的实质是国家强制使用单位和个人的财产。在通常情况下，出于公共利益的需要，国家才能依法征用单位、个人的动产和不动产。在需要征用的相应情形结束或者使用完毕之后，如果被征用的财产还存在，应当返还原物，如果原物已经毁损，则应当照价赔偿。

土地征用的流程主要是：（1）拟定征用土地方案。征用土地方案由拟征用土地所在地县、市人民政府或其土地行政主管部门拟定。征用土地方案，包括征用土地的目的及用途，征用土地的范围、地类、面积、地上附着物的种类及数量，征用土地及地上附着物和青苗的补偿，劳动力安置途径，原土地的所有权人及使用权人情况等。（2）审查报批。征用土地方案拟定后，由县、市人民政府按照《土地管理法》规定的批准权限，经土地行政主管部门审查后，报相应的人民政府批准。其中征用农用地，农用地转用批准权属于国务院的，国务院批准农用地转用时批准征用土地；农用地转用和征用批准权属于省级人民政府的，省级人民政府同时批准农用地转用和征用土地；农用地转用批准权属于省级人民政府，而征用土地审批权属于国务院的，先办理农用地转用审批，后报国务院批准征用土地。（3）征用土地方案公告。征用土地依法定程序批准后，由县级以上人民政府在当地予以公告。被征用土地的所有权人和使用权人应当在公告规定期限内，持土地权属证书到当地人民政府土地行政主管部门办理征地补偿登记。

86. 土地的征收与征用有哪些异同？

土地征收与土地征用作为我国基本土地使用制度的一部分，两者有以下 4 个共同点：（1）两者都是为了公共利益的需要。仅仅为了某些部门、单位或者个人的私人利益、商业利益，不能征收、征用土地。（2）两者都具有强制性。土地征收、土地征用虽然会都会听取相关单位、个人的意见，但仍以国家意志为主，若因公共利益确需征收、征用土地的，无须征得相关单位、个人的意见即可强制实施。（3）两者均需要按照法定程序实施。无论是征收还是征用，都必须严格按照法定程序实施，相关单位与个人不能滥用职权肆意侵害土地所有权人和使用权人的合法权益。（4）两者均需要给予相应的补偿。征收、征用在一定程度上都限制甚至剥夺了土地的所有权或使用权，对土地原所有权人或使用权人的权益造成了损害，应当给予相应的补偿。

然而，土地征收与土地征用作为两种截然不同的土地制度，差异明显：（1）法律后果不同。征收取得的是财产所有权，而征用取得的是财产使用权。土地征收是土地所有权的完全转移，由集体所有变为国家所有；土地征用则仅仅是土地使用权的暂时转移，征用人因公共利益的需要临时使用土地。这是两者本质的区别。（2）审批机关不同。土地征收的审批权集中在国务院和省级人民政府两级，而土地征用的审批权则在县级以上人民政府国土资源管理部门。（3）实施程序不同。土地征收因涉及土地所有权的转移，实施程序上较土地征用要严格很多。（4）土地用途不同。土地征收后被征土地性质转为国有建设用地，可用于修建永久性的建筑物、构筑物，而土地被征用后只能用于临时性的施工建设场地、地质勘探、抢险救灾、建设施工材料堆场等，不得修建永久性的建筑物、构筑物，并且在使用期满后要恢复土地原状，交还原土地使用权人。（5）补偿标准不同。由于土地征收是土地所有权的完全转移，而土地征用仅是土地使用权的临时转移，土地征收的补偿标准要高于土地征用，补偿的类目也要多于土地征用。

87. 农村土地征收的程序有哪些?

随着城市化进程的发展，不少农村的土地都已经进入城市化建设的规划蓝图中，很多农民朋友家中的土地和宅基地都面临被征收和拆迁的情况，而土地征收的过程就是集体土地变为国有土地的过程，需要经过严格的法律程序才能实现。农村土地征收，集体土地转变为国有土地，需要严格遵循以下程序：

（1）征地告知。在征地报批前，市、县国土资源部门应当将拟征土地的用途、位置、补偿标准、安置途径等以《征地告知书》的形式告知被征地的农村集体经济组织和农户，同时告知被征地农村集体经济组织和农户，对拟征土地的补偿标准和安置途径有申请听证的权利。《征地告知书》应当在拟征土地所在地的村、组内张贴。按规定进行征地告知后，应当填写《征地告知书送达证明》。征地告知后，农村集体经济组织和农户在拟征土地上抢栽、抢种的青苗，抢建或突击装修的地上附着物，征地时不予补偿。

（2）征地调查确认。在征地告知后，市、县国土资源部门应当及时调查核实拟征土地的权属、地类、面积以及地上附着物的权属、种类和数量等，据实填写《征地调查结果确认表》，被征地的农村集体经济组织、农户以及地上附着物产权人应对调查结果予以确认。《征地调查结果确认表》作为制订征地补偿安置方案的依据，不作为被征地的集体经济组织、农户或地上附着物产权人是否同意征地的凭证。知情确认属于征地审查报批的必备材料。

（3）组织征地听证。被征地集体经济组织和农户就征地补偿标准和安置途径提出听证书面申请的，市、县国土资源部门应当按照《国土资源听证规定》组织听证。被征地的农村集体经济组织和农户在听证告知后5个工作日内未提出听证书面申请的，视为放弃听证。放弃听证的，市、县国土资源部门可在《征地告知书送达证明》备注栏内书面记载，由经办人签字并加盖公章。

（4）组织报批材料。报批材料主要有：建设用地项目呈报材料“一书四方案”，即建设用地呈报说明书、征收土地方案、农用地转用方案、耕地补充方案、供地方案；补充耕地证明；征地补偿费用标准、安置措施的说明材料；征地用途、位置、补偿标准、安置途径告知书；被征用农村集体经济组织和农民要求听证的，提交听证笔录；占用林地的，提供林业主管部门出具的《使用林地审核同意书》；土地利用总体规划审核意见；农用地转用计划通知书；土地权属地类面积审核表及集体土地所有权证；建设项目用地勘测定界成果报告书及勘测定界图；拟占用土地的1∶10000标准分幅土地利用现状图、总体规划图；补充耕地位置图（在 1∶10000 标准分幅土地利用现状图上标注）；失地农民签署的知情确认材料。

（5）报批审查。根据批准权限及用地在土地利用总体规划图上的位置，分为城市批次用地和村镇批次用地或单独选址项目用地等形式上报。审查并批准用地：由国务院和省级人民政府审查批准，对于程序合法、要件齐全的依照土地利用总体规划、国家产业政策和用地政策，对上报的建设项目用地进行审查并批准用地。

（6）缴纳有关税费。用地经批准后，按规定缴纳新增建设用地土地有偿使用费和耕地开垦费，税费缴清后方可领取用地批文。

（7）两公告一登记。征用土地方案经依法批准后，市、县人民政府应当自收到批准文件之日起 10 日内，在被征用土地所在地的村、组内以书面形式公告。其中，征用乡（镇）农民集体所有土地的，在乡（镇）人民政府所在地进行公告。被征地农村集体经济组织、农村村民或者其他权利人应当在征用土地公告规定的期限内持土地权属证书到指定地点办理征地补偿登记手续。公告期满，市、县人民政府土地行政主管部门根据征用土地方案和征地补偿登记情况，拟订征地补偿、安置方案并在被征用土地所在地的乡、镇范围内公告。

（8）补偿安置听证。被征地农民在该征地补偿安置方案制订之前有权申请听证，市、县人民政府土地行政主管部门收到听证申请的，应当组织听证。

（9）补偿安置。征地补偿、安置方案确定后，市、县人民政府土地行政主管部门应当依照征地补偿、安置方案向被征用土地的农村集体经济组织和农民支付土地补偿费、地上附着物和青苗补偿费，并落实需要安置农业人口的安置途径。征地补偿安置不落实的，不得强行占地。在具体建设项目需要使用土地时除应当履行上述程序外，在报批前还需要办理用地预审即由土地行政主管部门对建设项目用地有关事项进行审查，提出建设项目用地预审报告和项目备案、核准，即有发展改革部门对该项目的立项。

88. 征地补偿费包括哪些?

根据《土地管理法》和《民法典》等法律法规的规定，征地补偿费用包括：

（1）土地补偿费，是对土地所有者的权属及其对土地的投入和收益造成损失的补偿，补偿对象为村集体经济组织及被征地的农民。

（2）安置补助费，是用以安置土地被征用后失去生产资料的农业人员的补助费用，原则是安置谁补助费归谁。

（3）地上附着物补偿费，是指因征地导致被征收土地上各种地上地下建筑物、构筑物（如房屋、水井、道路、水渠等）的拆迁和恢复，林木的迁移或砍伐等，因此给予所有者补偿的费用。

（4）青苗补偿费，是指征收土地时，由于农作物正处在生长阶段而未能收获，因此给予土地承包者或使用者以经济补偿。

（5）农民的社会保障费用，是指对土地被征收后失去生产资料的农业人员，在年老、疾病、伤残、失业、生育、死亡、遭遇灾害、面临生活困难时，依法给予物质帮助，以保障基本生活需要的费用。

目前我国不同地区被征地农民的社会保障费用的来源不同。有的来源于征地单位在原有的征地补偿费基础上另外支付的费用；有的来源于安置补助费或扣除留给村（或组）集体之外的土地补偿费。

征用、征收土地的补偿费应当由土地的承包方获得。要防止农村集体经济组织和村民委员会的成员占用、滥用承包方的补偿费的现象发生，使承包方的合法利益得到切实保护，使失去土地的农民的生活得到切实保障。根据《农村土地承包法》第62条的规定，违反土地管理法规，非法征收、征用、占用土地或者贪污、挪用土地征收、征用补偿费用，构成犯罪的，依法追究刑事责任；造成他人损害的，应当承担损害赔偿等责任。

89. 如何计算征地补偿标准？

《农村土地承包法》第17条规定，承包方的承包地被依法征收、征用、占用的，有权依法获得相应的补偿。《土地管理法》第48条规定，征收土地应当给予公平、合理的补偿，保障被征地农民原有生活水平不降低、长远生计有保障。征收土地应当依法及时足额支付土地补偿费、安置补助费以及农村村民住宅、其他地上附着物和青苗等的补偿费用，并安排被征地农民的社会保障费用。征收农用地的土地补偿费、安置补助费标准由省、自治区、直辖市通过制定公布区片综合地价确定。制定区片综合地价应当综合考虑土地原用途、土地资源条件、土地产值、土地区位、土地供求关系、人口以及经济社会发展水平等因素，并至少每三年调整或者重新公布一次。征收农用地以外的其他土地、地上附着物和青苗等的补偿标准，由省、自治区、直辖市制定。对其中的农村村民住宅，应当按照先补偿后搬迁、居住条件有改善的原则，尊重农村村民意愿，采取重新安排宅基地建房、提供安置房或者货币补偿等方式给予公平、合理的补偿，并对因征收造成的搬迁、临时安置等费用予以补偿，保障农村村民居住的权利和合法的住房财产权益。县级以上地方人民政府应当将被征地农民纳入相应的养老等社会保障体系。被征地农民的社会保障费用主要用于符合条件的被征地农民的养老保险等社会保险缴费补贴。被征地农民社会保障费用的筹集、管理和使用办法，由省、自治区、直辖市制定。

根据以往的征地补偿实践，征地补偿费用的标准具体计算方法为：补偿标准=平均年产值 ×（土地补偿倍数+安置补助倍数）。平均年产值标准一般是按被征地前几年平均年产量乘以国家规定的产品现行平均价格计算，国家没有规定价格的，按当地市场的平均价格计算。补偿倍数标准要在法律、法规的限定范围内，综合考虑被征地的具体条件，并结合以往征地费用标准予以确定。

征收耕地的土地补偿费，为该耕地被征收前几年平均年产值的数倍。征收耕地的安置补助费，按照需要安置的农业人口数计算。需要安置的农业人口数，按照被征收的耕地数量除以征地前被征收单位平均每人占有耕地的数量计算。每一个需要安置的农业人口的安置补助费标准，为该耕地被征收前3年平均年产值的数倍。征收其他土地的土地补偿费和安置补助费标准，由省、自治区、直辖市参照征收耕地的土地补偿费和安置补助费的标准规定。被征收土地上的附着物和青苗的补偿标准，由省、自治区、直辖市规定。征收城市郊区的菜地，用地单位应当按照国家有关规定缴纳新菜地开发建设基金。

支付了土地补偿费和安置补助费，尚不能使需要安置的农民保持原有生活水平的，经省、自治区、直辖市人民政府批准，可以增加安置补助费。国家也会根据社会、经济发展水平，在特殊情况下，可以提高征收耕地的土地补偿费和安置补助费的标准。

90. 征地统一年产值标准和区片综合地价是指什么？

根据《国务院关于深化改革严格土地管理的决定》的规定，各省、自治区、直辖市人民政府陆续制定了统一年产值标准和区片综合地价。征地统一年产值标准，是在一定区域范围内（以市、县行政区域为主），综合考虑被征收农用地类型、质量、等级、农民对土地的投入以及农产品价格等因素，以前几年主要农产品平均产量、价格为主要依据测算的综合收益值，测算不仅要考虑农用地农作物的收益，还要考虑被征用农用地带来的其他相关收益。征地区片综合地价，是指在城镇行政区土地利用总体规划确定的建设用地范围内，依据地类、产值、土地区位、农用地等级、人均耕地数量、土地供求关系、当地经济发展水平和城镇居民最低生活保障水平等因素，划分征地区片，并采用农地价格因素修正、征地案例比较和年产值倍数等方法测算的区片征地综合补偿标准。区片综合地价的实质是征地补偿标准，不含地上附着物和青苗补偿标准。

为切实保障被征地农民的合法权益，自然资源部办公厅发出《关于加快制定征收农用地区片综合地价工作的通知》，要求各地要立足于现有的工作基础，对照新的规定要求，改进技术方法，加快推进区片综合地价制定工作。目前实行征地统一年产值标准的地方，要按照制定区片综合地价的要求调整方法、重新测算；已经公布区片综合地价的地方，凡符合新法规定的，可以继续执行，不符合新法规定的，要按照新法规定的区片综合地价内涵调整完善，并重新公布后继续执行。区片综合地价制定过程中，要做好前后政策衔接，实现征地补偿标准平稳有序过渡。

（1）准确把握区片综合地价的内涵。新法规定的区片综合地价是征收农民集体农用地的土地补偿费和安置补助费标准，不包括法律规定用于社会保险缴费补贴的被征地农民社会保障费用、征收农用地涉及的地上附着物和青苗等的补偿费用。

（2）合理划定区片。以县（市、区）为单位，根据农用地条件相近的原则，将县域划分为一个或几个区片，作为测算区片综合地价的基本单元。划定区片原则上不打破村级行政界线，可以将同一乡镇的多个行政村归并为一个区片，也可以将不同乡镇的多个行政村归并为一个区片；确有必要的，可依据河流、道路等线状地物确定区片边界。划定区片的具体方法可以参考《关于开展制订征地统一年产值标准和征地区片综合地价工作的通知》（国土资发〔2005〕144号，以下简称144号文）[①] 相关规定。

（3）科学测算区片综合地价。参考144号文基本规定，采用农用地产值修正法、征地案例比较法等方法综合测算区片综合地价。农用地产值修正法是以当地主导耕作制度为测算基础，将未来农用地预期产值还原到当期，并结合被征地农民安置需要，综合考虑土地区位、土地供求关系、人口以及经济社会发展水平等因素进行修正后测算区片综合地价的方法；征地案例比较法是选择区片内近三年至五年来实施征地的典型案例，以政府实际支付的土地补偿费和安置补助费为基础，剔除政府支付的社会保障费用，根据经济社会发展情况等进行修正后测算区片综合地价的方法。区片综合地价应与当前经济社会发展水平相适应，不低于内涵可比的现行征地补偿标准。同一区片内不同类型农用地的质量存在明显差异的，可以设定地类调节系数进行调节。

（4）合理确定土地补偿费和安置补助费比例。区片综合地价确定后，按照主要用于被征地农民的原则，参照近年征地补偿费用在农村集体和农民个人之间的实际支付比例，合理确定区片综合地价中土地补偿费、安置补助费比例。具体应由省级人民政府根据当地实际情况作出规定。

① 该文件已失效，但根据《关于加快制定征收农用地区片综合地价工作的通知》的规定，实践中仍可参照该文件划定区片。

91. 如何安置被征地人口？

各地通常会出台相关规定明确被征地人口安置的方式，实践中对被征地人口进行安置的主要方式有：

（1）农业生产安置。征收城市规划区外的农民集体土地，应当通过利用农村集体机动地、承包农户自愿交回的承包地、承包地流转和土地开发整理新增加的耕地等，首先使被征地农民有必要的耕作土地，继续从事农业生产。

（2）重新择业安置。积极创造条件，向被征地农民提供免费的劳动技能培训，安排相应的工作岗位。在同等条件下，用地单位应优先吸收被征地农民就业。征收城市规划区内的农民集体土地，应当将因征地而导致无地的农民纳入城镇就业体系，并建立社会保障制度。

（3）入股分红安置。对有长期稳定收益的项目用地，在农户自愿的前提下，被征地农村集体经济组织经与用地单位协商，可以以征地补偿安置费用入股，或以经批准的建设用地土地使用权作价入股。农村集体经济组织和农户通过合同约定以优先股的方式获取收益。

（4）异地移民安置。本地区确实无法为因征地而导致无地的农民提供基本生产生活条件的，在充分征求被征地农村集体经济组织和农户意见的前提下，可由政府统一组织，实行异地移民安置。

92. 农用地转为建设用地的审批权限是如何划分的?

我国农用地转为建设用地实行国务院和地方人民政府分级审批制度,《土地管理法》第44条规定，建设占用土地，涉及农用地转为建设用地的，应当办理农用地转用审批手续。永久基本农田转为建设用地的，由国务院批准。在土地利用总体规划确定的城市和村庄、集镇建设用地规模范围内，为实施该规划而将永久基本农田以外的农用地转为建设用地的，按土地利用年度计划分批次按照国务院规定由原批准土地利用总体规划的机关或者其授权的机关批准。在已批准的农用地转用范围内，具体建设项目用地可以由市、县人民政府批准。在土地利用总体规划确定的城市和村庄、集镇建设用地规模范围外，将永久基本农田以外的农用地转为建设用地的，由国务院或者国务院授权的省、自治区、直辖市人民政府批准。

由上述规定可知，除了永久基本农田转为建设用地由国务院批准以外，原则上均由有权限的地方各级人民政府审批即可。根据《国务院关于授权和委托用地审批权的决定》（国发〔2020〕4号）规定，地方人民政府的批准权限如下：

（1）将国务院可以授权的永久基本农田以外的农用地转为建设用地审批事项授权各省、自治区、直辖市人民政府批准。自本决定发布之日起，按照《土地管理法》第 44 条第 3 款规定，对国务院批准土地利用总体规划的城市在建设用地规模范围内，按土地利用年度计划分批次将永久基本农田以外的农用地转为建设用地的，国务院授权各省、自治区、直辖市人民政府批准；按照《土地管理法》第 44 条第 4 款规定，对在土地利用总体规划确定的城市和村庄、集镇建设用地规模范围外，将永久基本农田以外的农用地转为建设用地的，国务院授权各省、自治区、直辖市人民政府批准。

（2）试点将永久基本农田转为建设用地和国务院批准土地征收审批事项委托部分省、自治区、直辖市人民政府批准。自本决定发布之日起，对《土地管理法》第 44 条第 2 款规定的永久基本农田转为建设用地审批事项，以及第 46 条第 1 款规定的永久基本农田、永久基本农田以外的耕地超过 35 公顷的、其他土地超过 70 公顷的土地征收审批事项，国务院委托部分试点省、自治区、直辖市人民政府批准。首批试点省份为北京、天津、上海、江苏、浙江、安徽、广东、重庆，试点期限为 1 年，具体实施方案由试点省份人民政府制订并报自然资源部备案。国务院将建立健全省级人民政府用地审批工作评价机制，根据各省、自治区、直辖市的土地管理水平综合评估结果，对试点省份进行动态调整，对连续排名靠后或考核不合格的试点省份，国务院将收回委托。

（3）各省、自治区、直辖市人民政府要按照法律、行政法规和有关政策规定，严格审查把关，特别要严格审查涉及占用永久基本农田、生态保护红线、自然保护区的用地，切实保护耕地，节约集约用地，盘活存量土地，维护被征地农民合法权益，确保相关用地审批权“放得下、接得住、管得好”。各省、自治区、直辖市人民政府不得将承接的用地审批权进一步授权或委托。

自然资源部要加强对各省、自治区、直辖市人民政府用地审批工作的指导和服务，明确审批要求和标准，切实提高审批质量和效率；要采取“双随机、一公开”等方式，加强对用地审批情况的监督检查，发现违规问题及时督促纠正，重大问题及时向国务院报告。

93. 什么是紧急用地?

紧急用地是指因抢险救灾等急需使用土地的情形而先行使用土地。抢险救灾包括防汛、地震、污染等事故的紧急治理、地质灾害防治工程、灾害紧急避让、灾害救援抢险通道、安全事故紧急治理工程等。紧急用地属于临时用地的，灾后应当恢复原状并交还原土地使用者使用，不再办理用地审批手续；属于永久性建设用地的，建设单位应当在灾情结束后 6 个月内申请补办建设用地审批手续。

《土地管理法实施条例》第 27 条规定：“抢险救灾等急需使用土地的，可以先行使用土地。其中，属于临时用地的，灾后应当恢复原状并交还原土地使用者使用，不再办理用地审批手续；属于永久性建设用地的，建设单位应当在灾情结束后 6 个月内申请补办建设用地审批手续。”抢险救灾等活动具有事发突然、时间紧急、影响重大等特点，法律针对这些特点规定了特殊的征用土地方式。

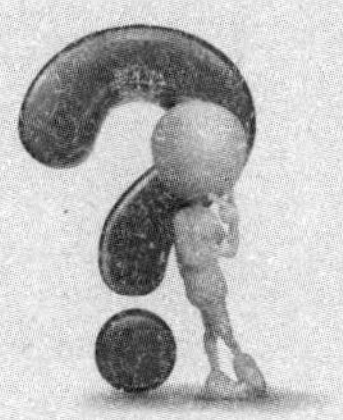

第八章

CHAPTER 8

农村土地承包法律责任及纠纷解决

94. 发包方在哪些情形下要承担民事责任?

《农村土地承包法》第57条规定，发包方有下列行为之一的，应当承担停止侵害、排除妨碍、消除危险、返还财产、恢复原状、赔偿损失等民事责任：

（1）干涉承包方依法享有的生产经营自主权。《农村土地承包法》规定，国家保护集体土地所有者的合法权益，保护承包方的土地承包经营权，任何组织和个人不得侵犯。发包方应当尊重承包方的生产经营自主权，不得干涉承包方依法进行正常的生产经营活动。承包方依法享有承包地使用、收益和流转的权利，有权自主组织生产经营和处置产品。发包方违反这些规定干涉承包方依法享有的生产经营自主权的，应当承担停止侵害、恢复原状、赔偿损失等相应的民事责任。

（2）在承包期内违反法律规定收回、调整承包地。《农村土地承包法》规定，承包期内，发包方不得收回承包地。承包合同中约定不得调整的，按照其约定。承包期内，妇女结婚，在新居住地未取得承包地的，发包方不得收回其原承包地；妇女离婚或者丧偶，仍在原居住地生活或者不在原居住地生活但在新居住地未取得承包地的，发包方不得收回其原承包地。发包方违反这些规定，在承包期内收回、调整承包地的，应当承担返还原物、赔偿损失等民事责任。

（3）强迫或者阻碍承包方进行土地承包经营权的互换、转让或者土地经营权流转。《农村土地承包法》规定，国家保护承包方依法、自愿、有偿地进行土地承包经营权的互换、转让或者土地经营权流转。土地承包经营权互换、转让和土地经营权流转应当遵循的原则是平等协商、自愿，任何组织和个人不得强迫或者阻碍承包方进行土地承包经营权流转。土地承包经营权的主体是承包方。承包方有权依法自主决定土地承包经营权是否流转和流转的方式。发包方强迫进行土地承包经营权互换、转让或者土地经营权流转的，该互换、转让或者流转无效。发包方违反规定，强迫或者阻碍承包方进行互换、转让或土地承包经营权流转的，应当承担相应的民事责任。

（4）假借少数服从多数强迫承包方放弃或者变更土地承包经营权。《农村土地承包法》规定，发包方应当维护承包方的土地承包经营权，不得非法解除、变更土地承包合同。承包期内，发包方不得单方面解除承包合同，不得假借少数服从多数强迫承包方放弃或者变更土地承包经营权。发包方违反这些规定的，应当承担返还原物、赔偿损失等相应的民事责任。

（5）以划分“口粮田”和“责任田”等为由收回承包地搞招标承包。《农村土地承包法》规定，承包期内，发包方不得以划分“口粮田”和“责任田”等为由收回承包地搞招标承包。发包方违反这一规定，应当承担返还原物、赔偿损失等相应的民事责任。

（6）将承包地收回抵顶欠款。承包期内，承包方拖欠欠款的，发包方可以通过行使留置权、申请调解、提起诉讼等方式索要欠款，但不得将承包地收回抵顶欠款。发包方违反这一规定的，应当承担返还原物、赔偿损失等相应的民事责任。

（7）剥夺、侵害妇女依法享有的土地承包经营权。《农村土地承包法》规定，农村土地承包，妇女与男子享有平等的权利。承包中应当保护妇女的合法权益，任何组织和个人不得剥夺、侵害妇女应当享有的土地承包经营权。承包期内，妇女结婚，在新居住地未取得承包地的，发包方不得收回其原承包地。妇女离婚或者丧偶，仍在原居住地生活或者不在原居住地生活但在新居住地未取得承包地的，发包方不得收回其原承包地。发包方违反这些规定的，应当承担返还原物、赔偿损失等相应的民事责任。

（8）其他侵害土地承包经营权的行为。发包方在承包期内，违反法律规定侵害承包方土地承包经营权的行为在实际中还有其他表现，上述列举的7项发包方承担民事责任的具体违法行为，只是较为常见的侵权行为，本项作为兜底性规定，将其他侵害土地承包经营权的行为包括进来，能够全面地、更好地保护承包方的合法权益。

承包方要求实施违法行为的发包方承担民事责任的请求，既可以直接向发包方提出，也可以向人民法院或者农村土地承包仲裁机构提出。

95. 发包方承担民事责任的方式有哪些？

发包方违反《农村土地承包法》及相关法律的规定，侵害承包方的合法权利，承包方可以请求发包方承担相应的责任，以保护自己的权利。对承包人而言，发包方承担民事责任的方式，就是对其权利受到侵害的补救方法。承包方既可以直接要求发包方承担民事责任，也可以向人民法院或者仲裁机构申请，由它们裁判发包方承担具体的民事责任，制裁发包方的违法行为。发包方承担民事责任的方式具体包括以下几种：

（1）停止侵害。停止侵害是指发包方正在侵害承包方享有的土地承包经营权时，承包方为了维护自己的合法权益，防止损害后果的扩大，有权制止正在实施的不法行为，要求发包方停止侵害。停止侵害的适用以违法行为正在进行为条件，若行为人尚未开始实施违法侵害行为或者违法行为已经停止，则不适用。要求停止侵害，不论违法行为何时实施和持续时间的长短，只要违法行为处于正在进行状态，即可适用这一责任方式。

（2）返还原物。返还原物从民法理论上讲是指一方当事人将非法占有的他人财物返还给对方当事人。适用返还原物责任方式，应当具备如下条件：一是原物必须存在，二是返还原物有必要。返还原物有必要是指返还应有实际意义，如果非法占有的财物是特定物，一般情况下均应返还，如果是种类物，当返还费用高于或等于非法占有物价值时，也可以不返还原物。如果原物不存在或者返还没有必要，非法占有人可免除返还原物的责任。但返还原物责任的免除并不意味着不承担其他民事法律责任，不能返还原物的，应当折价赔偿，承担赔偿损失的民事责任。就发包方侵害承包方土地承包经营权而言，规定这一责任形式非常必要，比如发包方违法收回承包地或者扣缴土地经营权流转收益的，承包方即有权要求其返还承包地或者流转收益。

（3）恢复原状。按字面意思理解，恢复原状是指将损坏的东西重新修复，引申下去，可以指恢复权利至未被侵害时的状态。比如，发包方干涉承包方的承包经营自主权，组织他人毁弃承包人高秆作物改种低秆作物的，承包人即可要求其恢复农作物的原有状态。恢复原状的适用，一般应具备恢复的可能和有修复的必要这两个条件，如果不具备上述条件，就可以用赔偿损失来替代。

（4）排除妨害。排除妨害是指将妨害他人权利的障碍予以排除，如发包方在承包地边堆放建筑用沙石，妨害承包方收割机械的进入，影响生产的，承包方可要求其清理沙石。受害人对违法妨害行为既有权请求加害人自行排除，也可以请求人民法院强制排除。

（5）消除危险。消除危险是指行为人实施的行为或者设置的物件等，有造成他人损害或再次造成他人损害的危险时，受害人有权请求行为人将危险排除。这里所说的危险是现实存在的，而不是一种潜在的可能。在土地承包这一法律关系中，只要发包方的行为对承包方的权益有致害的可能，承包方就可以要求发包方承担消除危险的责任。如发包方在承包地边堆放村办企业所需的化工原料，遇暴雨将严重污染承包地，承包方即可以要求其将原料移至他处。消除危险既可以单独使用，也可以与其他责任形式合并使用。消除危险是一种预防性措施，可以防患于未然，保护承包人的合法权益免受不法侵害。

（6）赔偿损失。赔偿损失是违法行为人对违法行为造成的损害所承担的补偿对方损失的民事法律责任方式。赔偿损失是适用范围最为广泛的一种责任形式。赔偿损失的方式包括实物赔偿和金钱赔偿两种。承担赔偿损失责任，前提是违法行为人的违法行为确实给受害方造成了损害后果，即损害事实是赔偿损失责任的构成要件，如果没有损害事实，则不适用赔偿损失。赔偿损失应当贯彻完全赔偿的原则，凡属于违法行为人的违法行为给受害方造成的损失，违法行为人都应当予以赔偿。在土地承包这一法律关系中，如果发包方实施了《农村土地承包法》及相关法律所禁止的行为，给承包方造成了损害，就要承担赔偿承包方损失的民事责任。

法律明确列举了上述6种发包方承担民事责任的方式，既可以单独适用，也可以合并适用。但发包方因违法行为承担民事责任的方式不限于这6种，除这6种民事责任方式外，根据《民法典》的规定，发包方还可能承担诸如赔礼道歉、消除影响、恢复名誉等民事责任。

96. 农村土地承包经营纠纷发生的原因有哪些?

农村土地承包经营纠纷主要是指在土地承包过程中发包方与承包方发生的纠纷，也包括土地承包当事人与第三人发生的纠纷。农村土地承包纠纷产生的原因有很多：

（1）在实行家庭联产承包责任制的前期由于缺乏经验，盲目发包。主要表现为对标的物缺少正确的认识和评估，承包基数过低。由于时过境迁，受物价上涨、技术投入、科学管理等方面因素的影响，土地承包的收益与投入悬殊，经济利益分配失去平衡，发包方要求调整承包基数而引起纠纷。

（2）行政干预。例如，行政决定要求发包方收回承包地，搞适度规模经营而引起的纠纷。又如，行政干预承包户的经营自主权，一些地方要求搞“一乡一品”“一县一品”等。

（3）违背民主评议原则，以不正当手段进行发包和承包。个别村干部利用职权，以欺骗、胁迫等不正当手段，甚至入暗股，自发自包，引起群众不满，酿成纠纷。

（4）“红眼病”诱发纠纷。一些人“平均主义”“大锅饭”的思想根深蒂固，不能正确地对待承包人经过精心管理、辛勤劳动获得的收益，对这部分通过劳动先富起来的人产生嫉妒心理，要求重新分配。有的发包方迫于这种压力收回承包地而重新发包引起纠纷。

（5）双方不按合同约定履行自己的义务，如发包方不按合同约定履行在购买化肥、农药、种子等生产资料方面的服务义务，或者承包方不按合同约定履行缴纳税费的义务等。

（6）承包方对土地进行掠夺性经营或者改变土地用途引起纠纷。

总之，农村土地承包纠纷影响了农村的稳定，影响了农民生产的积极性，应当依法妥善处理。

97. 农村土地承包经营纠纷的解决途径有哪些？

《农村土地承包法》为农村土地承包经营纠纷提供了一些行之有效的解决途径。这些途径有以下几种：

（1）协商。发包方与承包方发生纠纷后，能够协商达成协议是最好的解决办法，既节省时间又节省人力物力。协商应该出于双方自愿，一方使用暴力、胁迫等手段使另一方同意协商的，双方达成的协议无效。协商过程中双方地位应平等。协商并不是解决纠纷的必经程序，当事人不愿协商，或者协商不成的，可以通过调解、仲裁、诉讼的途径解决。

（2）调解。当事人可以通过调解解决纠纷，但调解不是仲裁或诉讼的必经程序。调解人可以是公民个人，也可以是人民政府及其有关部门，还可以是其他社会团体、组织。对于村民小组或村内的集体经济组织发包的，发生纠纷后，可以请求村民委员会调解；对于村集体经济组织或村民委员会发包的，发生纠纷后，可以请求乡（镇）人民政府调解。其他的调解部门可以是政府的农业农村等行政主管部门，也可以是政府设立的负责农业承包管理工作的农村集体经济管理部门。

（3）仲裁。当事人不愿协商、调解，或者协商、调解不成的，可以向农村土地承包仲裁机构申请仲裁。我国《仲裁法》第77条规定“农业集体经济组织内部的农业承包合同纠纷的仲裁，另行规定”，不属于《仲裁法》的调整范围。理由是农业承包合同纠纷具有特殊性，对提请仲裁的条件、案件的管辖、仲裁与诉讼的关系上与一般的商事仲裁也应有所区别。从目前我国的立法看，还没有一个全国统一的农业承包合同纠纷仲裁的法律，有关农业承包合同纠纷仲裁的规定主要是各地方制定的地方性法规，还有一些是地方政府制定的规章。目前，我国有部分省、自治区、直辖市在县、乡两级设立了农业承包合同纠纷仲裁委员会。

（4）诉讼。《农村土地承包法》规定的仲裁与诉讼的程序关系是：仲裁不是诉讼的必经程序，即发生农村土地承包纠纷后，当事人可以不经协商，不经调解，也不经仲裁，直接向人民法院起诉。

98. 申请农村土地承包经营纠纷仲裁需要注意哪些事项？

根据各地方关于农业承包合同仲裁的规定，对农村土地承包经营纠纷申请仲裁需要注意以下几个事项：

（1）仲裁机构。有的地方规定由有关部门专业人员组成仲裁机构，办公室设在县、乡两级农村承包合同经营管理部门。有的地方规定是向农村承包合同管理部门申请仲裁。

（2）仲裁协议。有的地方规定，发生农业承包合同纠纷时，在没有仲裁协议的情况下，任何一方当事人均可向土地所在地仲裁委员会申请仲裁。有的地方规定，双方当事人必须在承包合同中约定有仲裁条款或者发生纠纷后达成书面仲裁协议的情况下，才能申请仲裁。

（3）管辖。农村土地承包经营纠纷的仲裁实行地域管辖，一般为发包方所在地的仲裁委员会。

（4）仲裁程序中的调解。从各地方制定的承包合同条例来看，各地都比较注重仲裁程序中的调解，并规定仲裁庭出具的调解书与裁决书具有同等法律效力。因为仲裁庭所要解决的主要是农村集体经济组织与其成员之间的纠纷，如果能用调解的方法解决纠纷，对防止矛盾激化，稳定农村的生产、生活秩序都是极其有利的。

（5）先予执行。为了保证农业生产的正常进行，各地都规定了在纠纷发生后，对农村种植业、养殖业等季节性的承包合同纠纷应及时处理，仲裁委员会认为必要时，可裁定先恢复生产，然后解决纠纷。这是农村土地承包经营纠纷仲裁的一大特色，有利于农村经济秩序的稳定。

另外，需要说明两个问题：第一，土地侵权纠纷能否申请仲裁？应当说仲裁的范围主要是农村土地承包合同纠纷，但侵犯土地承包经营权的纠纷也可以申请仲裁。例如，对于《农村土地承包法》第57条规定的发包方的下列行为引起的纠纷都可以申请仲裁机构予以仲裁：干涉承包方依法享有的生产经营自主权；强迫或者阻碍承包方进行土地承包经营权的互换、转让或者土地经营权流转；剥夺、侵害妇女依法享有的土地承包经营权。第二，以其他方式承包的合同发生纠纷能否向商事仲裁机构申请仲裁？我国《仲裁法》第 77 条规定，农业集体经济组织内部的农业承包合同纠纷的仲裁，另行规定。这里明确规定的是“内部”，即家庭承包中发生的纠纷不属于商事仲裁机构的仲裁范围。那么，“四荒地”等农村土地通过招标、拍卖、公开协商的方式承包，特别是由本集体经济组织以外的人承包的，当事人就签订的承包合同发生纠纷能否适用《仲裁法》呢？这个问题法律尚未作出明确规定。若当事人协议选择适用《仲裁法》的，也可以根据当事人的意愿，通过总结实践经验，进一步完善有关“四荒地”等农村土地纠纷的仲裁制度。

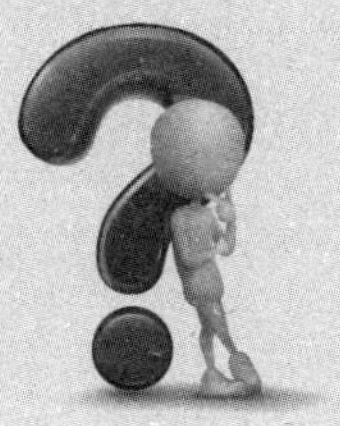

第九章

CHAPTER 9

宅基地相关法律问题

99. 什么是宅基地?

宅基地是农村的农户或个人用作住宅基地而占有、利用的本集体所有的土地，包括建了房屋的土地、建过房屋但已无上盖物，不能居住的土地以及准备建房用的规划地三种类型。宅基地的所有权属于农村集体经济组织。

《土地管理法》第62条规定，农村村民一户只能拥有一处宅基地，其宅基地的面积不得超过省、自治区、直辖市规定的标准。农村村民建住宅，应当符合乡（镇）土地利用总体规划、村庄规划，不得占用永久基本农田，并尽量使用原有的宅基地和村内空闲地。农村村民住宅用地，由乡（镇）人民政府审核批准；其中，涉及占用农用地的，依照《土地管理法》第44条的规定办理审批手续。农村村民出卖、出租、赠与住宅后再申请宅基地的，不予批准。

宅基地的历史起源主要有以下几个阶段：（1）一般而言，住宅与土地是不可分割的，作为公民的私有财产，可以继承、转让和买卖。宅基地则是一个“中国特色”问题。（2）“土改”建立了农民私人所有的土地制度，大部分地区的农民领取了《中华人民共和国房地权证书》。（3）经过社会主义改造，农村土地依然是农民私有，但由集体统一经营，农民的宅基地则依然由农民保留所有权和处分权。（4）“人民公社”运动确立了农村土地集体所有制，农民宅基地也归集体所有，农民只对宅基地享有使用权，并且不能出租、买卖等。（5）改革开放以后，继续坚持农村土地集体所有制，仅允许宅基地使用权人出租、出卖地上建筑物。可见，宅基地并不只是一个单纯的财产问题，本质上是中国社会变迁的反映。

100. 什么是农村宅基地使用权？

《民法典》第362条规定，宅基地使用权人依法对集体所有的土地享有占有和使用的权利，有权依法利用该土地建造住宅及其附属设施。

宅基地即农户居住生活的庭院用地。宅基地使用权范围一般包括居住生活用地、四旁绿化用地、其他生活服务设施用地。宅基地使用权人对宅基地享有如下权利：（1）占有和使用宅基地。宅基地使用权人有权占有宅基地，并在宅基地上建造个人住宅以及与居住生活相关的附属设施。（2）收益和处分。宅基地使用权人有权获得因使用宅基地而产生的收益，如在宅基地空闲处种植果树等经济作物而产生的收益。

需要特别说明的是，宅基地因自然灾害等原因灭失的，如出现地震、海啸、山洪、山体滑坡等造成宅基地灭失的，宅基地使用权自然消灭。《民法典》第364条规定，对失去宅基地的村民，应当依法重新分配宅基地。这里的“失去宅基地”除自然灾害导致宅基地灭失的情形外，还包括集体经济组织收回宅基地或者因国家征收而使农户失去宅基地的情况。宅基地使用权人出卖、出租、赠与住宅后，再申请宅基地的，土地管理部门将不再批准。并且，宅基地使用权的受让人只限于本集体经济组织的成员。

101. 宅基地使用权的特征有哪些？

宅基地使用权是指农民因建造自有房屋而对集体所有的土地享有占有、使用的权利。宅基地使用权具有如下特征：

（1）宅基地使用权的主体只能是农村集体经济组织的成员，农村集体经济组织以外的人员不能申请并取得宅基地。

（2）宅基地的用途仅限于村民建造个人住宅。个人住宅包括住房以及与村民居住生活有关的附属设施，如厨房、院墙等。

（3）宅基地使用权实行严格的“一户一宅”制。根据《土地管理法》的规定，农村村民一户只能拥有一处宅基地，其面积不得超过省、自治区、直辖市规定的标准。农村村民建造住宅，应符合乡（镇）土地利用总体规划、村庄规划，不得占用永久基本农田，并尽量使用原有的宅基地和村内空闲地。农村村民住宅用地，由乡（镇）人民政府审核批准，但如果涉及占用农用地的，应依照《土地管理法》第44条的规定办理审批手续。农村村民出卖、出租、赠与住宅后，再申请宅基地的，不予批准。

（4）宅基地具有福利性，因为宅基地的初始取得是无偿的。

102. 什么是宅基地使用证？

宅基地使用证，一般被称为宅基证或集体土地使用证，但集体土地使用证实际上具有更为广泛的定义，既包括宅基地使用权证，还包括其他集体或集体内部成员所使用的集体建设用地使用权的证明，如村办学校、办公室、村办企业等。宅基地使用证是农村村民合法拥有房屋和用地的权利凭证，宅基地可以在集体内部成员之间转让，但是不能向非集体组织成员转让。农村的宅基地是允许用来建房的，但是在这之前还需要提出申请，批准以后才能凭宅基地使用证和准建证去申请办理房产证。宅基地使用证是当前农村村民合法拥有房屋和用地的权利凭证，可以在本集体内部成员之间转让，但不得向非集体组织成员转让。

103. 申请农村宅基地需要具备什么条件？

《民法典》第363条规定，宅基地使用权的取得、行使和转让，适用土地管理的法律和国家有关规定。农村村民要获得宅基地使用权，应通过申请并获得有权机关的批准。取得宅基地使用权必须具备如下条件：必须是本村集体经济组织成员；必须是无宅基地、家庭人口众多确需分户居住的，因国家或乡（镇）建设需要另行安排宅基地的或者在农村落户需建住宅而无宅基地的。

农村宅基地严格实行居民“一户一宅”制度，本集体经济组织成员符合下列条件之一的，可依法申请宅基地：（1）年满18周岁已独立成户，且无宅基地的；（2）原住宅不符合规划或者确需易地新建房屋的；（3）达到法定结婚年龄，因结婚分户需要建房的；（4）因国家建设征收，农村公共设施和公共事业建设，实施城市、集镇和村庄规划进行旧村改造等公共利益占用宅基地，需要重新调整而没有安置住宅的；（5）因发生或者防御自然灾害等不可抗力因素，需要紧急避险搬迁调整居住地的；（6）国家法律、法规另有规定的其他情形。

104. 农村宅基地申请审批程序是怎样的？

《民法典》第363条规定，宅基地使用权的取得、行使和转让，适用土地管理的法律和国家有关规定。农村村民要获得宅基地使用权，应通过申请并获得有权机关的批准。

根据《农业农村部、自然资源部关于规范农村宅基地审批管理的通知》（农经发〔2019〕6号）的要求，农村村民住宅用地，由乡镇政府审核批准；其中，涉及占用农用地的，依照《土地管理法》第44条的规定办理农用地转用审批手续。乡镇政府要切实履行属地责任，优化审批流程，提高审批效率，加强事中事后监管，组织做好农村宅基地审批和建房规划许可有关工作，为农民提供便捷高效的服务。

（1）明确申请审查程序。符合宅基地申请条件的农户，以户为单位向所在村民小组提出宅基地和建房（规划许可）书面申请。村民小组收到申请后，应提交村民小组会议讨论，并将申请理由、拟用地位置和面积、拟建房层高和面积等情况在本小组范围内公示。公示无异议或异议不成立的，村民小组将农户的申请、村民小组会议记录等材料交村集体经济组织或村民委员会（以下简称村级组织）审查。村级组织重点审查提交的材料是否真实有效、拟用地建房是否符合村庄规划、是否征求了用地建房相邻权利人意见等。审查通过的，由村级组织签署意见，报送乡镇政府。没有分设村民小组或宅基地和建房申请等事项已统一由村级组织办理的，农户直接向村级组织提出申请，经村民代表会议讨论通过并在本集体经济组织范围内公示后，由村级组织签署意见，报送乡镇政府。

（2）完善审核批准机制。市、县人民政府有关部门要加强对宅基地审批和建房规划许可有关工作的指导，乡镇政府要探索建立一个窗口对外受理、多部门内部联动运行的农村宅基地用地建房联审联办制度，方便农民群众办事。公布办理流程和要件，明确农业农村、自然资源等有关部门在材料审核、现场勘查等各环节的工作职责和办理期限。审批工作中，农业农村部门负责审查申请人是否符合申请条件、拟用地是否符合宅基地合理布局要求和面积标准、宅基地和建房（规划许可）申请是否经过村组审核公示等，并综合各有关部门意见提出审批建议。自然资源部门负责审查用地建房是否符合国土空间规划、用途管制要求，其中涉及占用农用地的，应在办理农用地转用审批手续后，核发乡村建设规划许可证；在乡、村庄规划区内使用原有宅基地进行农村村民住宅建设的，可按照本省（区、市）有关规定办理规划许可。涉及林业、水利、电力等部门的要及时征求意见。

根据各部门联审结果，由乡镇政府对农民宅基地申请进行审批，出具《农村宅基地批准书》，鼓励地方将乡村建设规划许可证由乡镇一并发放，并以适当方式公开。乡镇要建立宅基地用地建房审批管理台账，有关资料归档留存，并及时将审批情况报县级农业农村、自然资源等部门备案。

（3）严格用地建房全过程管理。全面落实“三到场”要求。收到宅基地和建房（规划许可）申请后，乡镇政府要及时组织农业农村、自然资源部门实地审查申请人是否符合条件、拟用地是否符合规划和地类等。经批准用地建房的农户，应当在开工前向乡镇政府或授权的牵头部门申请划定宅基地用地范围，乡镇政府及时组织农业农村、自然资源等部门到现场进行开工查验，实地丈量批放宅基地，确定建房位置。农户建房完工后，乡镇政府组织相关部门进行验收，实地检查农户是否按照批准面积、四至等要求使用宅基地，是否按照批准面积和规划要求建设住房，并出具《农村宅基地和建房（规划许可）验收意见表》。通过验收的农户，可以向不动产登记部门申请办理不动产登记。各地要依法组织开展农村用地建房动态巡查，及时发现和处置涉及宅基地使用和建房规划的各类违法违规行为。指导村级组织完善宅基地民主管理程序，探索设立村级宅基地协管员。

105. 农村宅基地如何确权？

农村宅基地的确权大致分为以下几种情况：

（1）1982年《村镇建房用地管理条例》实施之前建房使用的宅基地，虽然超过规定的面积，但可维持现状。今后拆迁、改建、翻建房屋时，要严格按当地政府规定的面积标准审批。

（2）1982年《村镇建房用地管理条例》实施以后到1987年

1 月《土地管理法》实施时止，宅基地超面积的，要经地方人民政府依照国家政策处理后，再行确权。

（3）1987 年《土地管理法》实施后，农村村民建房占用的宅基地超过当地规定的面积标准的，按照实际批准面积进行确权登记。宅基地面积超过各地规定标准的，可在土地登记簿和土地权利证书记事栏内注明超过标准的面积，待以后分户建房或现有房屋拆迁、改建、翻建、政府依法实施规划重新建设时，按有关规定作出处理，并按照各地规定的面积标准重新进行确权登记。

（4）符合当地政府分户建房规定而尚未分户的农村居民，其现有的宅基地没有超过分户建房用地合计面积标准的，可按现有宅基地面积确定集体土地建设用地使用权。也就是说现有宅基地不超过分户合计面积的，不作为超面积处理。

（5）非农业户口居民（含华侨）原在农村合法取得的宅基地及房屋，房屋产权没有变化的，经该农民集体出具证明并公告无异议的，可依法办理土地登记，在《集体土地使用证》记事栏应注记“该权利人为非本农民集体成员”。

（6）已拥有一处宅基地的本农民集体成员、非本农民集体成员的农村或城镇居民，因继承房屋占用农村宅基地的，可按规定登记发证，在《集体土地使用证》记事栏应注记“该权利人为本农民集体原成员住宅的合法继承人”。

（7）非本农民集体的农民，因地质灾害防治、新农村建设、移民安置等集中迁建，在符合当地规划的前提下，经本农民集体大多数成员同意并经有权机关批准异地建房的，可按规定确权登记发证。

（8）已经确权的宅基地，在以后房屋拆迁、改建、翻建时，按政府规定的面积标准重新确定使用权。

（9）对于没有权属来源证明的宅基地，应当查明土地历史使用情况和现状，认定合法使用的，由村委会出具证明并公告30天无异议，经乡（镇）人民政府审核，报县级人民政府审批，确定宅基地使用权。

106. 宅基地超面积标准的，如何登记？

《土地管理法》第62条规定，农村村民一户只能拥有一处宅基地，宅基地的面积不得超过省、自治区、直辖市规定的标准。农村村民建住宅，应当符合乡（镇）土地利用总体规划、村庄规划，不得占用永久基本农田，并尽量使用原有的宅基地和村内空闲地。

如果宅基地超标，在对宅基地上的房屋不进行改动的情况下，根据《确定土地所有权和使用权的若干规定》第45条的规定，1982年2月国务院发布《村镇建房用地管理条例》自之前农村居民建房占用的宅基地，超过当地政府规定的面积，在《村镇建房用地管理条例》施行后未经拆迁、改建、翻建的，可以暂按现有实际使用面积确定集体建设用地使用权。同时，按照《确定土地所有权和使用权的若干规定》第 51 条的规定，按照该规定第 45 条至第 49 条的规定确定农村居民宅基地集体土地建设用地使用权时，其面积超过当地政府规定标准的，可在土地登记卡和土地证书内注明超过标准面积的数量。以后分户建房或现有房屋拆迁、改建、翻建或政府依法实施规划重新建设时，按当地政府规定的面积标准重新确定使用权，其超过部分退还集体。

综上，简单来说，宅基地超占，既有历史原因又有现实原因，既有主观原因又有客观原因，既有村民的原因又有管理部门的责任。对那些不符合土地利用总体规划和村庄集镇规划的宅基地超面积部分，或超过省（自治区、直辖市）规定标准的宅基地超占部分，可在土地登记簿和土地权利证书记事栏内注明超过标准的面积数，待以后分户建房，或现有房屋拆迁翻建，或政府依法实施村庄集镇规划重新建设时，村民让出超占的面积后，重新进行确权登记。

107. 农村宅基地可以转让吗？

《民法典》第 363 条规定，宅基地使用权的取得、行使和转让，适用土地管理的法律和国家有关规定。

宅基地使用权只能由宅基地使用权人行使，任何组织或者个人不得侵占、损毁宅基地。依据《土地管理法》第62条、《民法典》第363条及有关政策，有条件地允许宅基地使用权转让。转让宅基地需具备的条件有：（1）转让人拥有二处以上的宅基地；（2）转让人与受让人为同一集体经济组织内部的成员；（3）受让人没有住房和宅基地，且符合宅基地使用权分配条件；（4）转让行为征得集体经济组织同意。以上条件应同时具备。

特别强调，农村宅基地只能在村集体成员内部之间转让，不能转让给有城镇户口的居民。我国人多地少，一直实行最严格的土地管理制度，且为防止农民转让宅基地后流离失所，进而影响社会稳定这一大局，我国立法禁止城镇居民购买宅基地。《国务院关于深化改革严格土地管理的决定》中强调："加强农村宅基地管理，禁止城镇居民在农村购置宅基地。"《土地管理法》中"农村村民出卖、出租、赠与住宅后，再申请宅基地的，不予批准"的规定，也体现了不允许向集体经济组织外的城镇居民转让宅基地使用权的意思。

108. 农村宅基地上房屋转让合同的效力如何？

根据农村宅基地上房屋转让合同主体的差异，可以将农村宅基地上房屋转让合同纠纷分为三类：一是农村本集体经济组织成员之间的纠纷；二是农村本集体经济组织成员与外集体经济组织成员之间的纠纷；三是农村本集体经济组织成员与城镇居民之间的纠纷。因为合同主体的不同，在适用法律认定宅基地上房屋转让合同效力时也会得出不同的结论。

（1）对农村本集体经济组织成员之间的农村房屋转让合同应认定有效。因购买者是本集体经济组织成员，宅基地使用权可以在本集体成员内部流转。因此，对本集体经济组织成员之间的农村房屋转让，只要双方所订立的转让合同符合合同法律法规关于有效合同的要件，就应当认定转让合同有效。

（2）本集体经济组织成员与外集体经济组织成员之间的房屋转让合同应认定有效。我国相关法律、法规虽然禁止向本集体经济组织成员以外的人转让宅基地使用权，但对农村居民转让房屋所有权并无禁止性规定，而国家相关政策也无禁止向本集体经济组织外的农村居民出售房屋的规定。因此，对这类农村房屋转让合同，只要其符合合同法律法规关于有效合同的其他要件，也应依法认定为有效合同。

（3）对农村本集体经济组织成员与城镇居民之间的房屋转让合同应认定无效。《国务院办公厅关于加强土地转让管理、严禁炒卖土地的通知》明确规定，农民住宅不得向城市居民出售。因此，对农村本集体经济组织成员与城镇居民之间的房屋转让合同应认定无效。

109. 如何处理宅基地上房屋转让行为?

对于农村宅基地上房屋转让行为发生后如何处理的问题，在审判实践中通常存在以下几种情形：

（1）对于发生在农村集体经济组织成员之间的农村房屋转让，如果查明无欺诈及显失公平的情形存在，应当认定房屋转让合同有效，驳回当事人要求退房退款的诉讼请求。

（2）对于将房屋出售给本集体经济组织以外的人员的，如果取得有关组织和部门批准，可认定合同有效，判决驳回当事人要求确认合同无效的诉讼请求。

（3）对于将房屋出售给本乡（镇）以外的人员，未经有关组织和部门批准，合同尚未实际履行或者购房人尚未实际居住使用该房屋的，该合同应作无效处理，双方当事人应各自返还房屋及购房款。

（4）对于将房屋出售给本集体经济组织以外的人员，未经有关组织和部门批准，但合同已实际履行完毕，且购房人已实际居住使用该房屋的，应本着尊重现状、维持稳定的原则，立足调解，承认购房人对房屋继续占有、居住和使用的权利。

（5）对于将房屋出售给本集体经济组织以外的人员，未经有关组织和部门批准，但合同已实际履行完毕，且购房人已实际居住使用该房屋的，如果认定合同无效，在决定退房退款时，要全面考虑到合同无效对双方当事人的利益影响以及各方的过错责任大小，尤其是出卖人因土地升值或拆迁、补偿所获利益，以及买受人因房屋现值和原转让价格的差异造成的损失。此外，对于买受人已经翻建、扩建房屋的情况，应对其添附价值进行补偿。

110. 满足哪些条件才能使宅基地使用权与房屋所有权一并转移？

按照我国目前“房地一致”的原则，宅基地上的房屋转让涉及宅基地使用权的一并转让，宅基地使用权连同房屋所有权转移应符合一定条件：

（1）履行相关审批手续。《房屋所有权证》是确认房屋所有权的合法凭证，《宅基地使用证》和《集体土地建设用地使用证》是农民合法取得宅基地使用权的重要凭据，因买卖房屋而转移宅基地使用权的，宅基地使用权主体发生变化，应当依照《土地管理法》《土地管理法实施条例》及其他规定履行审批等手续，并完成权利主体的变更登记。实践中有些地区的房屋管理部门和土地管理部门对房、地的管理脱节。有些当事人在进行变更登记时，只到房屋管理部门办理产权过户登记手续，没有进行宅基地使用权的主体变更，从而使土地管理部门的工作陷入被动。有的当事人在进行买卖时未经任何部门批准，既没有进行房屋产权的变更登记，又没有完成宅基地的变更登记。严格地说，此类情况下宅基地使用权和房屋所有权并未发生转移。

（2）受让人主体资格应受限制。宅基地分配制度的福利性必然产生权利主体的身份特定性与权利取得的受限性，使用权主体应是该农村集体经济组织成员，或与成员有直系亲属等关系，或具有其他特定的身份。因经济发展、人口流动等，原使用权人不再使用宅基地的，依法可以转让，但是，对于宅基地使用权的受让主体，应当有所限制。即宅基地使用权只可在本集体经济组织内部自由转让，一旦转让给城市居民或其他农业集体经济组织成员，受让主体便不再符合法定的条件，除非转让时，该受让人已经将户口迁入本乡或本村，成为本集体经济组织内部成员。

（3）转让后原则上仍遵循“一户一宅”。《土地管理法》第62条第1款规定明确了宅基地“一户一宅”的原则。因此农民买卖房屋在涉及宅基地使用权的转移时，还应当满足宅基地标准的限制。当取得宅基地超过省、自治区、直辖市规定标准的，应在土地登记卡和土地证书内注明超标的数量。以后分户建房或现有房屋拆迁、改建、翻建或政府依法实施规划重新建设时，按当地政府规定的面积标准重新确定使用权，超过部分归还集体经济组织。实践中还有对超标部分由本集体经济组织收回，并对收回宅基地上的房屋给予适当补偿的做法。

111. 非农业户口居民原在农村的宅基地如何处理？

农户身份是取得农村宅基地的直接依据，原农业户口的居民迁移到城镇或是境外后转为非农业户口，他们丧失了享有农村宅基地使用权的资格，但是他们原在农村的房屋属于私有财产，受法律保护。根据我国“房地一体”的原则，非农业户口居民（含华侨）原在农村的宅基地，并不是由集体经济组织马上收回。

宅基地具有福利性质，是村集体对集体成员的一种生活保障。非农业户口的人自然不属于村集体成员，不应该享有宅基地使用权。但是对于祖上遗留下来的建筑物及附着物，非农业户口的继承人同样具有继承权，该权利是对建筑物及附着物而言的所有权。如建筑物可继续使用，非农业户口人员同样可以继承后继续使用，因地随房走，故可以对建筑物所占土地进行使用。

《确定土地所有权和使用权的若干规定》第 48 条规定，非农业户口居民（含华侨）原在农村的宅基地，房屋产权没有变化的，可依法确定其集体土地建设用地使用权。房屋拆除后没有批准重建的，土地使用权由集体收回。也就是说，可以分两种情况处理：（1）房屋产权没有变化的，即非农业户口居民没有转让或赠与房屋，房屋所有权人没有发生变更的，可以确认他的集体土地使用权，直到房屋拆除或者坍塌后没有批准重建的，土地使用权才由集体收回。（2）房屋产权发生变化，非农业户口居民把房屋转让给或赠与原集体经济组织的其他成员，此时对房屋产权和宅基地使用权应当依法进行变更登记。

综上，农业户口人员变更为非农业户口之后，其原有宅基地并不一定会被集体收回，而是视具体情况而定。

112. 农村宅基地能否继承？

宅基地的所有权和使用权是分离的，《土地管理法》第 9 条规定，城市市区的土地属于国家所有。农村和城市郊区的土地，除法律规定属于国家所有的以外，属于农民集体所有；宅基地和自留地、自留山，属于农民集体所有。宅基地为居民、村民各户使用，包括屋基地和院落地，长期不变，但是宅基地的所有权属于集体。遗产必须是公民合法享有所有权的个人财产，公民对宅基地只享有使用权，不享有所有权，因此不能将宅基地作为遗产继承。

农村村民的宅基地使用权是基于“村民”的特定身份取得，村民只享有宅基地使用权，不能随意对宅基地进行处置。但是，虽然宅基地不属于遗产，不能被继承，但按照我国法律规定的“地随房走”的原则，公民继承了宅基地上的房屋，宅基地的使用权也就随着房屋而转移给新的所有人，即继承人通过继承取得房屋所有权和宅基地使用权，农村宅基地不能被单独继承。

我国农村宅基地制度主要是为了保障每户农民的居住需求，具有社会保障功能，如果允许继承宅基地，将导致宅基地无限扩大，违背《土地管理法》关于村民一户只能拥有一处宅基地的有关规定。据此，农村宅基地不能算作遗产，故不可以单独继承。

113. 农村宅基地能否用于抵押？

我国当前的法律制度中没有专门的、系统的关于宅基地的立法，关于宅基地的规定散见于各种法律文件中。《民法典》第399条规定，宅基地的使用权不得抵押。可见，农村宅基地抵押是被禁止的。禁止农村宅基地抵押的主要原因有：

（1）从我国的实际出发，目前尚不能允许用农村房屋进行抵押。我国实行“房地一体”原则，处分农村房屋，必然涉及该房屋所占用范围内的农村宅基地，而宅基地属于集体所有，宅基地使用权不得用于抵押。

（2）农村房屋用于抵押，一旦债务人不能清偿债务，债权人行使抵押权时必然涉及该房屋占用范围内的宅基地使用权，这就可能损害农村集体的利益。

（3）《最高人民法院关于人民法院民事执行中查封、扣押、冻结财产的规定》第6条规定，对被执行人及其所扶养家属生活所必需的居住房屋，人民法院可以查封，但不得拍卖、变卖或者抵债。通常来说，农村房屋是农户生活必需的居住房屋，用农村宅基地及房屋设定抵押，债权人实现抵押权也存在障碍。

（4）当前我国农村的社会保障体系尚不健全，宅基地对于农村村民具有强烈的社会保障性质。我国农村村民一户只能拥有一处宅基地，如果将宅基地上的房屋进行抵押，抵押权实现后，抵押人（即农村村民）可能会居无定所，不利于农村社会稳定。

我国法律虽然不允许宅基地抵押，但允许对宅基地之上房屋进行抵押。《民法典》第395条第1款第1项规定，债务人或者第三人有权处分的建筑物和其他土地附着物，可以抵押。可见，农民以其宅基地上的房屋抵押应当是有效的。综上，宅基地的使用权抵押被法律绝对禁止，但是宅基地上的房屋在符合条件的情况下可以用作抵押。

114. 农户占用耕地作为宅基地是否应当进行补偿？

《土地管理法》第30条规定："国家保护耕地，严格控制耕地转为非耕地。国家实行占用耕地补偿制度。非农业建设经批准占用耕地的，按照'占多少，垦多少'的原则，由占用耕地的单位负责开垦与所占用耕地的数量和质量相当的耕地；没有条件开垦或者开垦的耕地不符合要求的，应当按照省、自治区、直辖市的规定缴纳耕地开垦费，专款用于开垦新的耕地。"可见，村民占用耕地建造住宅，依照法律规定应当进行补偿。补偿的办法首先是开垦与所占用耕地的数量和质量相当的耕地，其次才是缴纳耕地开垦费。这是为保持耕地总量平衡所作出的特殊的保护政策。

115. 农村村民出卖、出租房屋后，还能否再申请宅基地？

农村村民出卖、出租房屋后，不可以再申请宅基地。《土地管理法》第62条规定，农村村民出卖、出租房屋后，再申请宅基地的，不予批准。因为我国农村实行的是农村土地的集体所有制度，每户村集体的成员都享有一处宅基地的使用权，也就是说每户成员都能无偿分配到一块宅基地用来建房。如果出卖或出租了宅基地上的房屋，得到了相应的收入，就不能再要求集体为自己再分配一处宅基地。该村集体成员所享有的宅基地使用权随着房屋买卖、出租交易的完成，而不再由其享有。

116. 国家可以征收农村宅基地吗?

农村土地征收是指国家为了公共利益需要，依照法律规定的程序和权限将农民集体所有的土地转化为国有土地，并依法给予被征地的农村集体经济组织和农民合理补偿和妥善安置的法律行为。我国实行土地所有权归国家和集体所有的基本制度，《宪法》第 10 条第 3 款规定:“国家为了公共利益的需要，可以依照法律规定对土地实行征收或者征用并予以补偿。”该条从根本大法的高度确立了土地征收制度。相应地，《土地管理法》及《土地管理法实施条例》、《民法典》物权篇均对相关制度进行了细节性和可操作性的规定，构建起了我国土地征收制度。

《民法典》第 362 条规定，宅基地使用权人依法对集体所有的土地享有占有和使用的权利，有权依法利用该土地建造住宅及其附属设施。第 363 条规定，宅基地使用权的取得、行使和转让，适用土地管理的法律和国家有关规定。《土地管理法》对土地征收的审批、补偿标准、安置方案等进行了明确的规定，其中所说的土地就包含宅基地。因此，农村宅基地的征收也需要遵循这些法律法规的具体规定。

117. 农村宅基地征收需要经过哪些步骤？

宅基地上房屋拆迁，是先征地后拆迁，在用地合法的前提下才能涉及房屋拆迁，《土地管理法》中明确规定征收集体土地的批准机关是省级人民政府或者国务院，征收实施单位是区、县级人民政府和区、县级自然资源管理部门。农村集体土地征收、宅基地房屋拆迁的报批手续涉及以下几个部门：（1）自然资源管理部门履行报批手续，需提交用地预审、用地规划、征地红线图、土地报批“一书四方案”（建设用地呈报申请、农用地转用方案、补充耕地方案等）；（2）区、县级人民政府制订预补偿安置方案；（3）省级人民政府或者国务院办理审批手续，作出集体土地征地批复（俗称征地批文）；（4）住房和城乡建设管理部门颁发建设工程规划许可证、建设用地规划许可证及建设项目选址意见书（污染的建设项目）；（5）发改委进行征收项目立项；（6）环保部门制作环境影响评价报告书。

农村集体土地征收和宅基地房屋拆迁部门应履行的程序有：

（1）征地预公告。区、县级人民政府或区、县级自然资源局首先发布征地预公告（含文号、盖章），此公告内容包含：项目的名称、四至范围、听证会参与者的权利、补偿标准、安置途径。

（2）入户登记调查。这一过程中需要老百姓签字确认在红线范围内被拆迁的房屋面积、土地被征收面积、地上各类附着物及其价值、房屋装修情况等。

（3）听证会程序。听证是老百姓的权利，房屋拆迁及土地征收补偿不合理的，我们需要及时主张听证会权利，或者聘请专业征地拆迁律师提起法律程序，千万不能超期，否则等同于放弃。这是法律规定的必备程序，听证报告也是报批的文件之一。

（4）征地批复后的公告。省级人民政府或者国务院的征地批复文件（含文号、盖章）下来以后，再次颁布征地批文后的公告。

（5）补偿安置方案。区、县级人民政府作出宅基地房屋拆迁的补偿安置方案，此补偿安置方案公告45天。在公告期限内，村民如不满意就有权利要求政府举行听证会，拆迁方也有义务就听证会民意修改补偿安置方案。

（6）责令限期交出土地决定。拆迁方协调每户的房屋拆迁补偿事宜，如协商不成，政府部门作出责令限期交出土地决定（被拆迁人有行政复议、诉讼的权利），此决定是为通过法院司法拆除的铺垫。如被拆迁人在诉讼期限内未履行义务，拆迁方会申请政府或者法院裁决，限期签协议搬迁，被拆迁人在期限内还未履行义务的，下一步将面临司法拆迁。

118. 被征收宅基地的村民可以获得哪些补偿？

宅基地是农村村民用作居住、生活而占有、利用的本集体经济组织所有的土地。农村宅基地所有权属于农村集体经济组织，村民只享有使用权，村民建住宅必须符合土地利用总体规划、城市总体规划、村镇建设规划，应有规划、有计划地逐步向城镇和集中居住点集中，禁止散点建房，鼓励农民进镇购房或按规划集中建设公寓式住宅，尽量少占或不占用耕地。《土地管理法》第47条规定，征收土地的，按照被征收土地的原用途给予补偿。因此，宅基地被征收的，应当按照宅基地的用途和性质予以补偿。

（1）农村的宅基地和房屋拆迁实行分开补偿制度。分开补偿，是指土地补偿和地上附着物补偿的分离。农村宅基地产权归村集体所有，由村集体分配给村民使用，村民在宅基地上建房子居住。宅基地被拆迁时，有两种补偿：一是宅基地补偿，二是房屋补偿。由于宅基地的产权属于村集体，因此，宅基地补偿归村集体所有，不会直接给宅基地使用人。而房屋的产权属于村民私有，因此房屋补偿归村民所有。村民的宅基地被征收后，如果没有其他宅基地，那么村集体要给村民重新分配宅基地，让村民在新的宅基地上建房子。

（2）土地补偿的标的是土地使用权，补偿一般分为两种形式：一是货币补偿，二是置换补偿。货币补偿就是根据相关补偿标准，对宅基地按每平方米多少钱直接付给村民；置换补偿就是在规划的安置区域按不同地价折换成多少平方米对村民进行安置。还有就是房屋及地上附着物的补偿，这个补偿的标的是物产所有权，包含了村民所有的房屋、构筑物、相关设施、树木蔬果等，补偿标准在实施方案中通常会规定得比较细致清楚，通常就是货币补偿。

（3）房屋拆迁补偿价由宅基地区位补偿价、被拆迁房屋重置成新价构成。计算公式为：房屋拆迁补偿 = 宅基地区位补偿价 × 宅基地面积 + 被拆迁房屋重置成新价。宅基地区位补偿价参照当地普通住宅指导价，由区、县级人民政府参照一定时间、一定区域内普通商品房住宅均价、城市规划等综合确定。拆迁中认定的宅基地面积应经合法批准，且不能超过控制标准。房屋重置成新价是指一定时间、一定区域内的被拆迁宅基地房屋重置成新平均价，具体标准由区、县级人民政府按照前述区域内农村房屋建设情况在合理幅度内确定。户均安置面积，按照合理面积范围控制，具体标准由区、县级人民政府根据当地农村经济水平、农民居住情况确定。

简单来说，目前农村宅基地征收主要包括三个方面的补偿：

第一种是土地补偿费，即按被征收宅基地价值进行的补偿；第二种是安置费补偿，征收了农村居民的宅基地就等于宅基地上的房屋会被拆除，这时候就需要安置村民，就产生了安置费；第三种就是房屋附属物的补偿。通常说来，宅基地征收补偿费用标准按以下几种方法计算：（1）征收宅基地的安置费和土地补偿按照前3年平均年产值的30倍来进行计算。（2）附属物按照当地政府下发的补偿方法给予等价补偿。（3）农村房屋拆除补偿标准：农村草房、农村砖瓦房、农村砖砼结构房屋、农村二层及两层以上楼房等因为房屋造价不同各地确定的具体补偿标准也不同，具体以各地政府发布的标准为准。（4）农村房屋附属物补偿：一般是按照等价方式进行补偿，异地安置每户给予一定的适当补偿。

119. 处理宅基地使用权纠纷应遵循哪些原则？

现实生活中，因宅基地使用权而发生的纠纷比较常见。对宅基地使用权纠纷应按下列原则妥善处理：

（1）依法保护国家、集体的宅基地所有权。我国土地分别属于国家和集体所有。处理宅基地（土地）纠纷，应切实保护国家和集体的土地所有权。属于国家或集体所有的宅基地，集体组织或个人不得侵占、买卖或者以其他形式非法转让。

（2）依法保护公民、法人合法取得的宅基地使用权。使用国有土地的单位或者个人，由县级以上人民政府登记造册，核发证书，确认使用权。土地使用权受法律保护，任何单位或者个人不得侵犯。农村居民建住房，应当使用原有的宅基地和村内空闲地。法人、公民合法继承的宅基地使用权除经统一规划或个别调整外，长期不变。另外，宅基地使用权包括合法取得和合法使用两个方面。对非法扩大、抢占宅基地甚至耕地的行为应依法宣布其无效，并可给予法律制裁。在使用宅基地过程中，妨碍公共利益，侵害他人房屋、通行、排水、通风、采光等相邻权的，应依法承担民事责任。

（3）宅基地使用权随房屋转移。农村房屋发生买卖、继承、赠与等法律事由的，其所占宅基地的使用权随房屋所有权而转移。关于办理农村房屋宅基地使用权转移手续问题，实践中应注意掌握一个时间界限，即在1982年《村镇建房用地管理条例》实施之前，农村房屋买卖中宅基地使用权均随房转移，无须办理批准手续；但自该条例实施之后，宅基地使用权须经过申请批准后方可随房转移。未经审查批准，宅基地使用权不能随房转移给买方，房屋买卖亦无效，但买主可将房屋拆走。村民迁居或者拆除房屋后腾出的宅基地，由集体收回使用，另作统一安排。但在农村合法继承的房屋，其宅基地使用权可以随房屋所有权而转移。

（4）尊重历史、面对现实，有利于生产、生活。我国对土地、山林大体上进行了四次确权，即土改、合作化、1962年“四固定”、1982年《宪法》颁布前后土地权属的重新登记。在处理土地、山林纠纷时，一般应以“四固定”确定的权属为准，任何以其他理由而否认“四固定”确权的均不予以支持；“四固定”时未确权的，发生纠纷应参照合作化或者是土改时确定的产权处理。在新中国成立后，已通过双方协商并达成合法协议或经上级处理决定或经人民法院裁决的宅基地的权属，具有法律效力。经过统一规划的宅基地，如果相关主体对宅基地的使用权发生纠纷，一般应以规划确定的使用权为准。未经规划的宅基地，相关主体对地界有争议的，可以参照土改时的确权情况处理。土改确权是对房屋宅基地的确权，但自1962年《农村人民公社工作条例修正草案》公布后，土改时确认的农村个人宅基地所有权即丧失法律效力，但宅基地的使用权仍归原所有人。依照最高人民法院司法解释的规定，原来“四至”明确的，应以“四至”为准；“四至”不明确的，应参照长期以来的实际使用情况，本着有利于生产、方便生活的原则合理地解决。

（5）促进经济发展，维护社会稳定。土地的使用和经营管理情况直接影响到生产和经济发展。及时、正确地处理好宅基地纠纷，能够促进经济的发展。发生宅基地纠纷时，首先应做好思想工作，并采取及时、慎重的措施，防止矛盾激化，依法合理地予以妥善解决，维护社会的安定团结。

120. 怎样解决宅基地使用权纠纷?

对宅基地使用权纠纷应按下列原则妥善处理：依法保护国家、集体的宅基地所有权。依法保护公民、法人合法取得的宅基地使用权。宅基地使用权随房屋转移。尊重历史、面对现实，有利于生产、生活。促进经济发展，维护社会稳定。

根据我国《土地管理法》的规定，对宅基地使用权纠纷的解决办法主要有三种：

（1）协商解决。《土地管理法》第 14 条第 1 款规定：“土地所有权和使用权争议，由当事人协商解决；协商不成的，由人民政府处理。”据此规定，发生宅基地纠纷，应当先通过协商的方式解决。

（2）行政解决。《土地管理法》第 14 条第 2 款规定：“单位之间的争议，由县级以上人民政府处理；个人之间、个人与单位之间的争议，由乡级人民政府或者县级以上人民政府处理。”

（3）司法解决。《土地管理法》第 14 条第 3 款规定：“当事人对有关人民政府的处理决定不服的，可以自接到处理决定通知之日起三十日内，向人民法院起诉。”这表明当事人之间就土地的使用权和所有权归属发生的纠纷，只有按照《土地管理法》第 14 条的规定，先经过有关行政机关的处理，对处理决定不服的，才可以向人民法院提起诉讼。否则，人民法院不予受理。但对于侵犯土地的所有权或者使用权的，被侵权人可以不经行政机关的处理，而直接向人民法院起诉。

此外，宅基地纠纷还可以通过人民调解的方式来解决。人民调解是指在人民调解委员会（一般设置在城市的居民委员会和农村的村民委员会）的主持下，以国家的法律、法规规章、政策和社会公德为依据，对民间纠纷当事人进行说服教育、规劝疏导，促进当事人互相谅解，平等协商，从而自愿达成协议，消除纷争的一种群众自治活动。人民调解是现行调解制度的一个重要组成部分，是我国法治建设的一项独特制度。

图书在版编目 (CIP) 数据

爱问法律百科 . 农村土地承包经营、征收征用、宅基地必知 120 问 / 严威著 . —北京：中国法制出版社，2020.11

ISBN 978-7-5216-1358-2

Ⅰ. ①爱… Ⅱ. ①严… Ⅲ. ①农村土地承包法－中国－问题解答 ②农村－土地征用－法规－中国－问题解答 ③农村－住宅建设－土地管理法－中国－问题解答 Ⅳ. ① D920.5

中国版本图书馆 CIP 数据核字（2020）第 204062 号

责任编辑：王佩琳　熊林林　　　　封面设计：李宁

爱问法律百科：农村土地承包经营、征收征用、宅基地必知 120 问

AIWEN FALÜ BAIKE: NONGCUN TUDI CHENGBAO JINGYING、ZHENGSHOU ZHENGYONG、ZHAIJIDI BIZHI 120 WEN

著者 / 严　威

经销 / 新华书店

印刷 / 三河市国英印务有限公司

开本 / 880 毫米 ×1230 毫米　32 开　　　　印张 / 7.25　字数 / 131 千

版次 / 2020 年 11 月第 1 版　　　　2020 年 11 月第 1 次印刷

中国法制出版社出版

书号 ISBN 978-7-5216-1358-2　　　　定价：28.00 元

北京西单横二条 2 号　邮政编码 100031　　　　传真：010-66031119

网址：http://www.zgfzs.com　　　　**编辑部电话：010-66066620**

市场营销部电话：010-66033393　　　　**邮购部电话：010-66033288**

（如有印装质量问题，请与本社印务部联系调换。电话：010-66032926）